|品|牌|经|典|系|列|

CREATING SIGNATURE STORIES

Strategic Messaging that Energizes, Persuades and Inspires

品牌标签故事

用故事打造企业竞争力

[美]戴维·阿克(David A. Aaker) ◎ 著

高小辉 ◎ 译

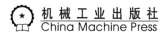

图书在版编目（CIP）数据

品牌标签故事：用故事打造企业竞争力／（美）戴维·阿克（David A. Aaker）著；高小辉译．—北京：机械工业出版社，2020.10

（品牌经典系列）

书名原文：Creating Signature Stories: Strategic Messaging that Energizes, Persuades and Inspires

ISBN 978-7-111-66653-0

I. 品… II. ① 戴… ② 高… III. 企业管理－品牌战略－研究 IV. F272.3

中国版本图书馆 CIP 数据核字（2020）第 195344 号

本书版权登记号：图字 01-2020-1963

David A. Aaker. Creating Signature Stories: Strategic Messaging that Energizes, Persuades and Inspires.

Copyright © 2018 by David A. Aaker.

Simplified Chinese Translation Copyright © 2020 by China Machine Press. This edition is authorized for sale in the People's Republic of China only, excluding Hong Kong, Macao SAR and Taiwan.

No part of this book may be reproduced or transmitted in any form or by any means, electronic or mechanical, including photocopying, recording or any information storage and retrieval system, without permission, in writing, from the publisher.

All rights reserved.

本书中文简体字版由 David Aaker 授权机械工业出版社在中华人民共和国境内（不包括香港、澳门特别行政区及台湾地区）独家出版发行。未经出版者书面许可，不得以任何方式抄袭、复制或节录本书中的任何部分。

品牌标签故事：用故事打造企业竞争力

出版发行：机械工业出版社（北京市西城区百万庄大街 22 号 邮政编码：100037）

责任编辑：岳晓月　　　　　　　　　　　责任校对：李秋荣

印　　刷：大厂回族自治县益利印刷有限公司　　版　　次：2020 年 11 月第 1 版第 1 次印刷

开　　本：170mm×242mm　1/16　　　　　印　　张：13.25

书　　号：ISBN 978-7-111-66653-0　　　　定　　价：69.00 元

客服电话：（010）88361066　88379833　68326294　　投稿热线：（010）88379007

华章网站：www.hzbook.com　　　　　　　　　　　读者信箱：hzjg@hzbook.com

版权所有·侵权必究
封底无防伪标均为盗版
本书法律顾问：北京大成律师事务所　韩光／邹晓东

谨以此书献给我的妻子凯伊，女儿詹妮弗、简、乔利及她们的家人，感谢他们一直以来给予我的支持与鼓励！

Creating Signature Stories
赞　誉

技术流变，故事千秋。每个伟大品牌的背后都有一个或数个深入人心的故事作为支撑。当下，中国品牌遭遇百年所未有之大变局，如何在全新且充满挑战的环境中讲好属于自己的独特故事，对于品牌而言十分关键。我想，阿克的这本饶有趣味的新作对于正在苦苦向上求突破的中国品牌会很有启发。

——黄升民

中国传媒大学教授、《媒介》杂志总编辑

今天，我们看到许多领导品牌专注于以正确的方式呈现并充实那些引人入胜的故事，以便与消费者建立牢固的关系。这本卓越的著作能够帮助品牌构建和创造标签故事，从而有效地吸引消费者。虽然目前阿里巴巴仍处于初级品牌营销生态系统，但我们同样也在致力于利用数字化体验和各种有趣、创新的方式来帮助品牌创建和传播故事。

——董本洪

阿里巴巴集团首席市场官

戴维·阿克的书之所以有口皆碑，是因为他总能另辟蹊径，不仅涉足人们未知的领域，还深刻解读人们自认为已经理解但实际上只是一知半解的领域。尽管很多时候故事缺乏深度，但如今在市场营销圈品牌故事和故事讲述已经变得非常流行。借助本书，阿克再次驾轻就熟地构建了一个丰富实用的与之相关的原始框架。阿克给出的创建标签故事的方案值得我们仔细研究，并用于实践。

——凯文·凯勒

塔克商学院E.B.奥斯本营销学教授

每个品牌都承载着许多故事。有些故事虽然生动有趣，但很快就会被人遗忘。戴维·阿克重新定义了能够深入消费者潜意识的标签故事，阐明了企业的责任是发掘并引导自己的标签故事。

——菲利普·科特勒

美国西北大学凯洛格管理学院终身教授、

国际营销S.C.庄臣荣誉教授

我是在出席一场活动时，第一次听说本书的。活动期间，我向参与者介绍了戴维·阿克，活动的最后，我还主持了闭幕式。我一边听人介绍该书的内容，一边想：如果在闭幕式上，我讲讲自己的标签故事会如何呢？这个场合刚好合适，因为大部分听众都是我的校友，而我又是商学院的院长。于是我就讲了自己的故事，讲到我是如何一步步走到今天的，还讲到以前从未公开谈论过的一些细节，包括我的家庭情况和我过去的经历。我尽力去激发受众，让他们产生共鸣，让他们明白为什么这一切很重要。活动结束后，很多人找到我，告诉我这些故事让他们受益匪浅，并对我表示了感谢。现在，轮到我感谢戴维了。（是的，我觉得这本书最好的卖点就是故事)。

——里奇·莱昂

加利福尼亚大学伯克利分校哈斯商学院院长

痴迷于数据和分析的营销人员正逐渐失去与人们建立联系的真正"秘密武器",即令人难忘的标签故事。阿克教授巧妙地提炼出了标签故事的关键元素,为更高层次的个人参与指明了方向。

——乔·特里波迪

赛百味首席营销官,可口可乐、好事达和万事达卡公司前首席营销官

不论故事讲述者来自何方,于他们而言,本书都称得上是一个伟大的故事。书中,戴维·阿克深入地探讨了构建伟大故事的诸多因素,并列举了许多强有力的例子。这些例子对于品牌、营销人员以及所有认识到标签故事可以鼓舞、激励、刺激销售并推动企业向前发展的人来说,都是杰出事例。

——琳达·博夫

通用电气副总裁兼首席营销官

戴维·阿克的这本著作提醒我们:身处这个疯狂的世界,营销信息可以通过各种渠道不断对你进行轰炸,回归本源才是制胜之道。卓越的故事讲述能力和口碑的力量(如今,口碑可以借助社交媒体实现大规模传播)从未像现在这么重要。引人入胜、真实可信且富有同理心的品牌故事不只是专题文章和事实,它们还是人们心之所愿、心之所属的东西。

——安·卢恩斯

Adobe执行副总裁兼首席营销官

致 谢
Creating Signature Stories

本书的灵感来自我的女儿詹妮弗·阿克,她曾对故事的力量做过深入的研究。詹妮弗是斯坦福大学商学院的教授,她不仅是一位开拓型研究员,还是一位具有天赋和创新精神的教师、一个乐于奉献的人、一个卓越的后辈,她带领我进入故事的领地,追寻故事的力量。正是经过我们长期激烈的讨论,我才创建并完善了本书的核心观点。和詹妮弗一起对实践和理论展开探讨是一种乐趣。

这里,我要特别感谢安妮特·西蒙斯、彼得·古贝尔、斯蒂芬·丹宁和杰克·马奎尔,这几位优秀的作家探索了多种讲故事的方式,并将实践经验推广给广大读者。感谢心理学和管理学的研究人员,他们用实验和理论生动地展示了故事的力量,既可以说服人,又可以激励人。还要感谢那些组织里的人,他们将故事应用得炉火纯青,即使是在富有挑战的环境中,他们依然具备出众的讲故事的能力。

我的很多想法(包括书名)都来自我在国际知名品牌和营销咨询公司铂慧(Prophet)的同事,或是受到他们的启发。自1999年起,我就与铂慧结缘了。这里,我要感谢公司的首席执行官迈克尔·邓恩的支持与友谊,感谢斯科特·戴维斯、安迪·皮尔斯和卢恩·古斯塔夫森的激励。还有保罗和旧金山的设计团队，感谢他们为本书设计的封面。还要感谢约翰·巴格利沃、阿曼达·尼泽尔、林赛·马龙、埃米·班尼特、阿里尔·格雷泽和乔纳森·雷德曼，他们的营销团队帮我制定了营销策略，并确保本书能够获得公司内外的关注。

能够和摩根·詹姆斯出版社的同伴一起共事，我的心情非常愉快。他们的自信、创造力和幽默感缓解了我工作上的压力。戴维·汉考克是出版社的创始人兼首席执行官，他学识渊博、富有远见、乐于助人，与他一起工作让我备感愉悦。吉姆·霍华德是出版社的发行人，他总能在关键时刻为我提供有益的建议。还有出色的文稿编辑丹·库曼，毫无疑问，他的编辑工作让本书增色不少，他还教我如何写作和当一个作家。

最后，我要感谢我的家人——妻子凯伊，女儿詹妮弗、简和乔利及她们的家人，他们源源不断地给予我支持与鼓励，让我的生活充满了色彩。

Creating Signature Stories

目 录

赞誉

致谢

| 第 1 章 | 认识标签故事 | 001 |

一个创始人的故事 002
一个给予的故事 003
一个品牌的故事 004
一个客户的故事 005
一个成长战略的故事 005
一个借用的故事 007
利用故事传递战略信息 008
定义标签故事 012
标签故事与事实大相径庭 018
标签故事无须代替事实 020
标签故事可以言简意赅 023
客户、员工或其他人都可以拥有自己的
　标签故事 024
标签故事可以借用 026
挑战：企业要做好讲述标签故事的准备 030

| 第 2 章 | 标签故事集 | 035 |

Skype 沟通你我　　　　　　　　　　　036
标签故事集传递相同的战略信息　　　038
为什么要有多样的标签故事　　　　　044
多重战略信息　　　　　　　　　　　047
挑战：标签故事过剩　　　　　　　　050

| 第 3 章 | 标签故事创造品牌知名度和活力 | 057 |

红牛：惊人的壮举　　　　　　　　　058
家乐浓汤宝："一尝倾心"　　　　　　059
护舒宝："像个女孩一样"　　　　　　060
为什么需要标签故事　　　　　　　　061
为什么需要可见性　　　　　　　　　062
为什么需要活力　　　　　　　　　　063
标签故事引人注目　　　　　　　　　064
标签故事引发社会交流　　　　　　　067
挑战：将品牌和标签故事联系起来　　070

| 第 4 章 | 利用标签故事说服受众 | 073 |

当我坐在钢琴前，他们放声大笑　　　074
说服的任务　　　　　　　　　　　　075
故事比事实更具说服力　　　　　　　076
故事影响品牌联想　　　　　　　　　078
故事创造喜好　　　　　　　　　　　080
故事影响行为　　　　　　　　　　　081
故事如何说服受众　　　　　　　　　083
构建一个子类别　　　　　　　　　　087
挑战：保持标签故事的活力　　　　　088

| 第 5 章 | **利用具有更高目标的标签故事激励受众** 091

　　卫宝:"帮助孩子长到 5 岁" 092
　　更高目标和标签故事 094
　　更高目标的两大挑战 095
　　为什么要有更高目标和项目 099
　　更高目标支持标签故事 100
　　故事优于独立的事实 102
　　挑战:创建更高目标 103

| 第 6 章 | **标签故事的受众** 107

　　巴克莱:一个品牌如何重获信任 108
　　与受众接触 111
　　外部受众:现有客户和潜在客户 112
　　内部受众:员工 116
　　管理层的任务:阐明品牌愿景和组织价值观 120
　　践行一个由故事驱动的项目 122

| 第 7 章 | **寻找标签故事的源头** 123

　　可口可乐幸福贩卖机 124
　　创建或寻找标签故事 126
　　内部的故事与借用的故事的区别 127
　　故事的主角 129
　　客户 130
　　产品 131
　　品牌 132
　　品牌代言人 134
　　供应商 135

　　　　员工　　　　　　　　　　　　　　　　136
　　　　组织项目　　　　　　　　　　　　　　137
　　　　创始人　　　　　　　　　　　　　　　138
　　　　振兴战略　　　　　　　　　　　　　　140
　　　　成长战略　　　　　　　　　　　　　　142
　　　　挑战：寻找可以拥有的标签故事　　　　144

| 第 8 章 | **造就强势标签故事的原因**　　　　　**147**
　　　　创建通用电气的标签故事　　　　　　148
　　　　创建有效的标签故事　　　　　　　　153
　　　　幽默的力量　　　　　　　　　　　　160
　　　　故事演示　　　　　　　　　　　　　161
　　　　挑战：打造故事并不断完善　　　　　165

| 第 9 章 | **你的职业标签故事：认识你自己**　　**167**
　　　　背景故事：我是如何走上品牌之路的　168
　　　　创建你的职业标签故事　　　　　　　169
　　　　"我是谁"的故事　　　　　　　　　　171
　　　　具有更高目标的故事　　　　　　　　175
　　　　"我该去往何方"的故事　　　　　　　178
　　　　能够获取信任、可信度并与他人建立
　　　　　联系的标签故事　　　　　　　　　185
　　　　挑战：放手去做　　　　　　　　　　188

后记　12 大要点　　　　　　　　　　　　**189**

注释　　　　　　　　　　　　　　　　　　**193**

CREATING SIGNATURE STORIES

第1章
认识标签故事

> 故事是一种独特的叙事方式,任何其他方式都无法替代。
> ——弗兰纳里·奥康纳,美国短篇小说家

一个创始人的故事

里昂·比恩（Leon L. Bean）热衷于户外运动。1912年的一天，他打猎归来，满腹牢骚。原来他的靴子不防水，他的脚又冷又湿。这件烦心事倒是激发了他的创造力，他转念一想，何不自己制造一双防水靴子？于是，他鼓足干劲，仅用很少的材料就发明了一种新型靴子。这款靴子的鞋帮是轻质皮革，底部是防水橡胶。令比恩欣喜的是，靴子的防水效果竟出乎意料的好，于是他利用缅因州狩猎许可证非本地持有人名单，通过邮购的方式销售这款"缅因州狩猎靴"（Maine Hunting Shoe）。不幸的是，在首批售出的100双靴子里，有90双出现缝合问题，导致靴子严重漏水。

抉择的时刻到了！里昂·比恩该如何反应？他把所有的鞋款都退还给了顾客，这险些让他倾家荡产。之后，他改进了生产流程，生产的靴子也终于真正做到了防水。里昂·比恩（L.L.Bean）的故事展示了一家拥有创新文化的、围绕传统的捕鱼和狩猎（后来推广到户外运动）开展业务的公司，是如何将对质量的承诺和对客户的关心反映在其被熟知的、传奇般"100%满意"的品质保证上的。

一个给予的故事

15岁的娜塔莉亚住在莫桑比克的一个小村庄。数年前,娜塔莉亚每天都要为取水而奔波劳碌。每日清晨,料理完6个兄弟姐妹的起居后,她都会提着水桶来到河床,与其他前来打水的人一起排队,等上好几个小时,就为了从一个手工挖的水坑里取一些并不洁净的水。这就意味着娜塔莉亚没有多少空闲时间去上学,一周只能去学校两次。但是,到了2012年,娜塔莉亚的生活发生了翻天覆地的变化。这一切要归功于一个非营利组织"慈善之水"(Charity: Water)。该组织为发展中国家缺水的人带去了洁净安全的饮用水。该组织为村子挖了一口井,让当地居民可以方便快捷地从井里抽出洁净的水,用来满足日常所需。现在,娜塔莉亚不用再为打不到水而发愁,她可以每天按时上学了。

数年后,该村成立了一个水务委员会,由5位成员组成。委员会的任务就是制订和实施一项商业计划,以确保用水项目的长期可持续性,并教育社区居民要关注身体健康、环境卫生和个人卫生。一天,"慈善之水"的工作人员来到该村,与水务委员会召开了一次见面会。会上,每位成员轮流做自我介绍,轮到委员会最后一位成员时,一位女士站了起来,她站得笔直,双臂交叉,充满自信。她面带微笑地说道:"我叫娜塔莉亚,是水务委员会的主席。"娜塔莉亚凭借她的自信、坚韧、领导才能及读写能力,被选中成为委员会最年轻的成员。现在,她的人生目标也有所改变,她想要先成为一名教师,再经过不断的努力,最终成为一名校长。娜塔莉亚的故事让人对"慈善之水"的努力有了切身的感受。"慈善之水"刚成立 8 个年头，就创建了 23 000 多个项目，让 700 多万人用上了洁净的饮用水。

一个品牌的故事

为了迎合那些认为"冰球就是一切"的人，加拿大啤酒酿造商莫尔森决定在英属哥伦比亚省珀塞尔山的山顶建一个专业冰球场。但是，要在如此偏僻的地方建一个冰球场并挑选出合适的选手参加比赛绝非易事。在建造冰球场时，主办方甚至动用了直升机，多次往返山地修建赛场，整个建造过程长达两周。莫尔森还在球场上配备了带有莫尔森标志的冰箱。比赛选手经过严格筛选，只有那些与冰球有着不解之缘、对冰球运动极度痴迷的人才能入选并参加这次比赛。最终有 11 人脱颖而出，被空运到这个独一无二的赛场，一起运来的还有货真价实的斯坦利杯（冰球运动的最高荣誉象征）。对于那些冰球的狂热爱好者来说，这项赛事着实令他们激动不已。

这个全球闻名的故事详细描述了项目的执行过程，包括寻找比赛场地、动用直升机建造冰球场、精心挑选比赛选手以及筹备赛事等。这个故事生动地展示了莫尔森如何通过开展一个既具独特性又具情感共性的项目"你相信吗"，来与消费者共享冰球比赛的激情盛宴。显然，这个故事将酣畅淋漓的激情和冰雪的触感一同注入了莫尔森品牌，让莫尔森得以从只注重产品乐趣的啤酒品牌中脱颖而出。

一个客户的故事

"IBM 沃森健康"(IBM Watson Health)将知名软件平台"IBM 沃森"所产生的影响力用于医疗健康服务。IBM 沃森的功能强大,可以帮助公司处理大量储存信息和数据。奥兰多健康中心(Orlando Health)是一家私营的非营利网络公司,在控制成本和患者护理方面似乎遇到了一些棘手的问题。该如何解决这些问题呢?唯一可行的方案是:利用沃森技术创建一个新的健康管理系统。

这个故事不仅详细分析了旧系统存在的问题,还制定了新系统要达成的目标,说明实施了哪些变革及取得了哪些成就。[1] 故事的效果如何呢?结果显示,运作流程得到更新和精简,从"按服务收费"的补偿模式转型为"整体医疗付费"模式,甚至还涵盖了个性化预防性医疗保健服务。数据显示,启用新系统的第一年,接受肠镜检查的 50 岁以上人口占比、接受预防性乳房 X 光检查的成年女性占比、接受抑郁症筛查的患者占比,总体增长了 10% 以上。

事实上,这个故事与其他面临着相同挑战和有着共同愿景的医疗保健网络关系密切。该故事不仅为 IBM 沃森健康品牌,还为 IBM 沃森品牌乃至 IBM 品牌提供了清晰的感知和形象。也是,谁会不称赞这种能够以更低成本带来更好医疗服务的解决方案呢?

一个成长战略的故事

2006 年 8 月 2 日,也就是第一辆特拉斯汽车上市的两年前,埃隆·马斯克（Elon Musk）展示了他拟定的公司成长故事。那时，在特斯拉，马斯克还只是兼职，他的日常正职工作是运营另一家企业——太空探索技术公司（SpaceX）。马斯克面临的最大问题是，特斯拉这样一家初出茅庐的电动汽车公司该如何在历史悠久的汽车行业站稳脚跟。他的四步成长故事不仅给出了答案，还给予员工、客户和投资者（所有期待看到实质性内容和明确目标的人）信息和鼓舞。

马斯克的四步成长故事到底是什么？马斯克写了一份备忘录，标题是："特斯拉汽车的秘密宏图（你知我知）"。第一步，制造一款性能比目前的燃油动力汽车（如保时捷）表现更佳的高端电动跑车（特斯拉跑车），这款跑车的能源效率将是普锐斯的两倍。然后，用第一步的收益为下一步融资。第二步，制造一款经济适用的四门豪华轿车（S型轿车），再用这一步收益为下一步融资。第三步，打造一款更优惠的轿车（3型轿车），以便形成较大的规模经济。第四步，在这一阶段，提供零排放的发电方案，使用大小适宜、价格适中的马斯克太阳城的太阳能电池板为特斯拉的电池充电。有关特斯拉成长之旅的新闻已成为企业成长故事的一部分。

马斯克的四步成长计划大获成功。于是，2016年7月，他又新增了四个项目：为住宅设计集成电池存储的太阳能屋顶；为所有主要细分市场生产汽车；开发一种比人类驾驶安全10倍的自动驾驶技术；创造条件让有用车需求的车主可以租赁到闲置的汽车。这么看来，和马斯克叫板可不是一个明智的选择。

一个借用的故事

20世纪90年代初，彼得·古贝尔晋升为哥伦比亚电影娱乐公司（Columbia Pictures Entertainment，以下简称"哥伦比亚公司"）的首席执行官，他上任时索尼刚刚收购了哥伦比亚公司。彼得·古贝尔讲述了他力挽狂澜，帮助哥伦比亚公司重振雄风的故事，该公司现在除了电影制作业务，还包括全球电视业务和洛伊斯剧院（Loews theater）。² 据他描述，当时，哥伦比亚公司日渐颓败，营业收入直线下滑，员工士气低落，众多各自为战的部门分散在全美各地，缺乏统一的愿景。更糟糕的是，公司的所有者还是个外国人。形势不容乐观，彼得·古贝尔意识到公司需要组织重构，《阿拉伯的劳伦斯》的故事讲的就是这种情况。

阿拉伯的劳伦斯是何许人也？劳伦斯是第一次世界大战时期一位声名显赫的英国军官，他从不墨守成规，习惯无视既定的规则。在一次战争中，他建议费萨尔亲王奋起反抗奥斯曼帝国，不料却遭遇惨败。劳伦斯的上级建议他撤军，但劳伦斯并没有采纳，反而提议对亚喀巴发动一次更为猛烈的攻击。亚喀巴是奥斯曼帝国的战略性港口，一个被难以逾越的沙漠所庇护的海滨城市。劳伦斯计划先派一小队士兵穿越这片高温炙热、蛇蝎遍地、干涸缺水的沙漠，给奥斯曼帝国的驻军一个措手不及。在获得费萨尔亲王和一部分贝都因沙漠部落㊀的支持后，劳伦斯和战士们完成了看似不可能的任务，占领了亚喀巴，夺

㊀ 贝都因沙漠部落虽然独立性强，但不习惯合作而喜欢内斗。——译者注

取了战争的胜利。劳伦斯的英勇事迹传遍世界各地,为赢得一场混乱的战争提供了一种新的解决方案。当然,由彼得·奥图尔主演的哥伦比亚公司获奖影片《阿拉伯的劳伦斯》(Lawrence of Arabia)也很出彩,电影将战争的悬念、细节和情感呈现得淋漓尽致,并屡获殊荣。

这个故事听起来似乎不可思议,阿拉伯部落竟同意与外人携手合作,共同克服艰难险阻,取得了战争的胜利。古贝尔从这个故事获得灵感,创造了公司的标签故事。他提出,哥伦比亚公司仍可以在新东家的领导下重整旗鼓,将一个各组织单元风格迥异的企业集团拧成一股力量,把不可能变成可能。在公司一年一度的圣诞节活动上,古贝尔一开场就讲了劳伦斯的故事,并把镶了边框的奥图尔身穿长袍的剧照赠送给了一众高管。在场的人听完故事后无不大为触动,于是"亚喀巴"成为一个战斗口号。古贝尔的故事不仅改变了企业的思维定式,还重振了员工的士气。古贝尔凭一己之力创建了一个接受统一指挥的一体化企业,支持了创新增长战略,并促成了哥伦比亚电影娱乐公司更名为索尼影视娱乐公司。古贝尔的故事深入人心,如今,虽然时过境迁,但奥图尔的剧照仍然高高挂在索尼影视娱乐公司的办公室里。

利用故事传递战略信息

讲故事有助于更生动形象地传递信息

本书阐述了在社交媒体时代,如何将故事的力量运用到战略信息的传递中，并解释了为什么讲故事在将信息表述得生动形象方面大有裨益且十分必要。上述观点基于以下三大观察。

首先，故事力量强大。我的女儿詹妮弗是斯坦福大学商学院的教授，她的工作让我意识到将讲故事运用到管理上的巨大潜力，但这种潜力往往没有得到充分的重视。在过去 7 年里，詹妮弗在这一领域的研究、教学和演讲令她备受关注。詹妮弗为我指出，在心理学和其他领域，有大量研究表明，无论事实如何包装，故事都比事实强大，甚至强大几个数量级！在劝说、激励、沟通信息、吸引眼球、获取曝光度、激活社交媒体、创造公众的广泛参与等诸多方向，故事都优于事实，实际上是远超事实。

思考本章开头的故事。如果只是罗列一些简单的事实，包括缅因州狩猎靴、莫桑比克小村庄的供水、莫尔森的山顶冰球场、IBM 沃森的强大能力、特斯拉的成长计划以及阿拉伯的劳伦斯所取得的成就，可想而知，这些事实带来的吸引力和影响力将远不及它们引人入胜的故事。

如果你要传达一个事实，最好的策略是寻找或创建一个故事，帮助信息浮出水面，或者至少利用故事激发出事实，使它们尽可能为人所知。你要找到一种将事实转化为故事的方法，比如讲述一个项目是如何开展的，一种新的工艺如何制造出一个优质的产品，或者客户如何利用该产品实现了一个非常难的目标，等等；又或者你可以反其道而行之，先找一个故事，然后将事实嵌入生动有趣并与之密切相关的故事背景之中。

其次，数字时代信息至上，而故事是信息之钥。社交媒体的受众并不是消极被动的，他们主动控制着信息的接收。信息要能引发受众的兴趣，他们才会参与信息传播。因此，在这个数字化的新时代，信息驱动着成功，而信息又不外乎故事。

实际上，无论事实多么引人注目，它都很难从拥挤的媒体环境中脱颖而出，获得关注，进而得到处理。故事则可以提供一种破除干扰、激发兴趣和缓解内容过载的方法，从而引起受众的注意。要是听到有人说"我给你讲个故事"，人们的精神总会为之一振，因为一个故事比一系列事实更有代入感。而且，相对于事实，故事更容易引人注目，铭刻入心。

由于要紧跟数字时代的潮流，企业备感压力，故事便成为营销传播的一个热门话题。许多企业增加了流程和组织结构，以便发现、创建及评估强有力的故事。许多企业还聘请了记者和电影制片人，这些专业人士能够以一种吸引眼球的方式呈现故事。现今的代理机构还包括传媒公司，这些公司里的员工有的曾是顶级记者，他们能帮助组织及其领导者完成讲故事的任务。[3]

最后，传递战略信息极其困难。传递战略信息绝非易事，特别是在充斥着各种媒体的数字世界中传递信息。在打造品牌与推广品牌的工作中，我切身感受到的严峻挑战是，如何向组织内部或外部的受众展示品牌的含义。传达组织的价值观或其他战略信息也是如此。

为什么传递战略信息如此困难？首先，客户和员工往往对你的战略信息并不感兴趣，他们也不想了解你的组织、品牌、产品或服务。故事的作用就在于填补这种缺失的兴趣。其次，客户和员工可能觉得你的战略信息缺乏真实性和可信度。但是，一个行之有效的故事可以降低这种风险,因为故事能够把人们的注意力转移到角色和情节上来,从而大大降低遭受反驳的可能性。

战术信息与战略信息的传递

本书的重点不是讲故事,而是讲好标签故事,讲好那些与品牌愿景、客户关系、组织及其价值观和/或商业战略相关的战略信息的故事。本章开头列举的 6 个故事就属于标签故事,这些故事也是它们各自企业和品牌的战略资产。

我们可以将标签故事与战术故事相比较。由于两者有质的区别,因此在对它们进行资源分配和管理时,我们必须采用完全不同的方式。战术故事常见于广告和网站,用于达成短期的沟通目标。因此,一般情况下,战术故事只能承接并完成传播任务。

标签故事则与战术故事相去甚远,它蕴涵了独特的信息、角色和叙述方式。标签故事的主要任务是传递战略信息,它是一种可以指明持续性方向,并具备持久性和相关性的资产。随着故事的反复重述和再现,故事的真实性、吸引力和影响力都会显著提高。最终,一些意义重大的标签故事将脱颖而出,可以用于提高销售、利润和市场地位等。

阻碍故事使用的因素

既然故事本身力量强大,故事内容又极其重要,那么为什么故事没有更广泛地被应用于传递战略信息呢？原因主要有3个：

- 不少人认为用清晰明了且富有冲击力的方式罗列事实要比讲故事的效果更好，因为故事只能间接地传递部分信息。举例说明，如果当前目标是传递四个要点，我们很难找到现行可用的故事传递两个或两个以上的要点，更不用说囊括全部的四个要点了。
- 许多企业（尤其在B2B领域和高科技领域）想当然地认为，它们的受众总是客观理性且充满积极性的，能够自行发现并处理客观信息（当然，这种异想天开的假设基本不成立）。
- 好的标签故事不易被发现和利用。好的标签故事不仅要吸引眼球、引发兴趣，还要让受众能够理解并消化其中的主题信息。

尽管创造标签故事颇费心思，有些设想也不无瑕疵，但企业仍要努力去发现或创造可以传递战略信息的故事。仅找到一则故事，用来传递一星半点的事实，这远远不够。你必须找到一个合适的故事（或一系列合适的故事），然后制订计划将其完美地呈现出来。

定义标签故事

这里的故事指的是一种叙事方式，以开头、高潮和结尾的次序（但并不一定按照这个顺序）描述真实或虚构的体验或事件。叙述故事时，故事可以为其中的每个元素和隐喻提供一个系统的认知框架。同时，招牌故事也通常会以明确或隐晦的手法营造某种情绪性，并提供具体可感的信息。

需要注意的是，故事并非对事实（或特征）的描述。故事可以包含或讲述事实，但也仅局限于在特定的语境中——受众必须推敲故事的情节才能理解其中蕴含的事实。但是，毋庸置疑，故事可以用来给事实增加深度和意义。

那么，何为**标签故事**？它是一种生动有趣、真实可信且能引人参与的叙事，一般用于传递或支持战略信息，也可以用来阐明或增强品牌愿景、客户关系、组织价值观和经营战略。此外，标签故事还可以用于提高品牌的活力和可见性，并能长期起到劝说及激励员工和客户的作用。

标签故事要能吸引眼球，它虽不必令人心醉神迷，但至少要**生动有趣**。如果故事不能引起受众的注意，那么一切都是徒劳。只是让受众对故事有所耳闻，这是远远不够的。因为，如果受众只是听闻故事，那么他们只能接收到少量信息，更不用说主动去理解和消化故事的内容了。故事必须足以吸引眼球且引人深思，能提供一系列发人深省、新奇独特、内涵丰富且鼓舞人心的信息。此外，故事的内容必须与受众高度相关，并具有幽默色彩或令人惊叹。以上就是标签故事的基本特征。你可以在脑海中回想一个令你难以忘怀的故事，我几乎可以断定，这个故事至少占据7个特征中的一个或一个以上，而且这些特征非常明显。

判断一则故事是否"生动有趣"的一个标准是，人们是否愿意口耳相传或通过社交媒体传播该故事。诺德斯特龙公司（Nordstrom）善于给销售人员授权，该公司的一则老故事就是一个很好的例证。故事有一个版本是这样的：在20世纪70年代中期，一位顾客到其一家坐落于阿拉斯加费尔班克斯的服装店，要求"退掉"两个破损的雪地轮胎并全额赔款。店内气氛令人尴尬！众所周知，诺德斯特龙不卖轮胎（虽然这家店铺地址前身是一家轮胎店）。但是，那个刚入职几周的销售人员毫不犹豫地决定了自己该怎么做，他立即收回了轮胎，退还了顾客声称之前所付的款项。我在讲述这个故事时，问过许多来自加州的受众，他们是否听说过这个故事，有1/3甚至超过一半的人举起了手。事实上，人们很少是从诺德斯特龙听到这个故事的，而是从其他顾客那里听到的。大家普遍觉得这个故事新奇独特，是诺德斯特龙精神的体现，因此人们口耳相传。

真实性意味着受众不会觉得这个故事是编造的，或者只是个销售的噱头。娜塔莉亚的故事就具有真实性，这种真实性来自在真实的环境中去了解并欣赏现实存在的人。但是，故事不一定要讲述真人真事才具有真实性。举个例子，美国电话电报公司（AT&T）有一则故事是关于分心驾驶酿成车祸的故事。虽然故事明显是虚构的，却极具说服力，因为这则故事是真实事件的反映，具有真实的表象。

真实性还意味着故事的背后必须有实质内容和战略信息的支撑，并且战略信息是以透明、有策略、有计划的方式来传递的。如果没有实质内容支持和巩固战略信息，故事的真实性就会大大降低，最终导致品牌受损。

本章开头列举的6则故事就包含了许多实质内容：

- 里昂·比恩敢于承诺和保证产品的质量，并从多方面展示其对户外运动的热情，包括开办里昂·比恩户外探索学校。学校课程丰富，涵盖假蝇钓鱼、皮划艇和户外摄影等户外冒险项目。
- "慈善之水"组织为干旱缺水的村庄带去了洁净的饮用水。
- 莫尔森用多种方式支持了"冰球就是一切"的故事，包括持续赞助国家冰球联赛（N.H.L.），为球迷创造机会，让他们可以现场观看莫尔森加拿大冰球比赛。更有甚者，莫尔森还在多伦多市区一栋32层大楼的顶楼建造了一个冰球场。
- IBM沃森健康提高了医疗服务的效果和效能。
- 特斯拉筹集了资金并实施了成长计划。
- 阿拉伯的劳伦斯成功占领了亚喀巴，而哥伦比亚公司则将企业的各组织单元凝聚在了一起，取得了远超他人预期的成就。

参与感是指受众被故事内容吸引，从而与故事中的角色共情。要让受众有参与感，故事情节的设定尤为重要。受众参与到故事中，一般会产生认知、情感或行为上的反应，但是产生的反应强度因人而异。

从认知方面来看，受众会自行消化及处理故事的内容和主题，进而接受其中主要的观点。例如，在"慈善之水"的故事中，如果受众理解村庄旧的供水系统存在潜在危险，以及村民取水要耗费大量的时间成本，也就不难感激该组织为解决水污染问题所做的努力。对大多数以商业为背景的故事来说，受众的认知反应同样重要，以商业为背景的故事会详细叙述客户应用系统的成功案例，比如IBM沃森健康的故事就是如此。毫无疑问，故事的相关性是受众参与其中的驱动力，因此标签故事必须能反映受众所面临的具有实际意义的问题。

从情感方面来看，一个引人入胜的故事能够激发受众对故事角色的情感，让受众感受故事所带来的惊喜或激动之情。里昂·比恩狩猎靴的故事可以激发人们怀旧的情愫。"慈善之水"中娜塔莉亚年少有为、前途光明的故事可以让人们为她感到自豪。人们会为在莫尔森山顶冰球场打球的人欢呼雀跃，会因看到IBM沃森健康解决了棘手的问题而欢欣鼓舞，也会叹服特斯拉的冒险精神和劳伦斯的英勇事迹。

从行为方面来看，时机一旦成熟，故事甚至可以激发受众采取行动。要是亲朋好友需要医疗服务，可以给他们讲讲IBM沃森健康的故事；要是亲戚朋友需要买车，可以给他们讲讲特斯拉的故事，劝他们考虑特斯拉。对于故事受众自身而言，里昂·比恩和诺德斯特龙会成为他们理想的购物之选，而"慈善之水"会成为他们捐款的对象。甚至，哥伦比亚公司的一些部门在听完故事后备受鼓舞，决定携手合作，共创未来。

标签故事旨在传达与受众息息相关的战略信息，并从内外两方面阐明和强化以下内容：

- **品牌愿景**。6个标签故事都阐明并强化了各自品牌的形象、知名度、个性、相关性和价值主张。
- **客户关系**。标签故事能拉近企业与客户之间的关系。例如，莫尔森"冰球就是一切"项目通过共享冰球运动的乐趣强化了企业与客户之间的情感；娜塔莉亚的故事则向我们展示了"慈善之水"与客户之间良性的互动关系。

- **企业及其价值观**。IBM沃森健康的标签故事讲述了其利用IBM沃森强大的功能兑现了其改变医疗服务的承诺；特斯拉的故事则验证了其在推动国家朝着更加可持续的方向发展的使命。
- **当前和未来的业务战略**。6个故事都揭示了各自企业当前或未来业务战略的核心。需要注意的是，企业要做好充足的准备来应对随时可能出现的严峻挑战（这种挑战尤见于企业内部），也就是传播新的业务战略及应对随之而来的变化。要应对这种挑战，讲故事的效果要比单纯的摆事实、讲道理好得多。

事实上，标签故事是一种战略资产，好的标签故事不仅能提高品牌知名度、创造品牌势能，还能长时间激励员工、吸引客户。上面提到的6则故事就很好地完成了这些任务。例如，莫尔森利用标签故事吸引受众参与他们所热衷的活动，进而打造品牌知名度，创造品牌势能。一方面，莫尔森的故事极具说服力，因为莫尔森不断强调自己不仅重视冰球运动，还关注那些对这项运动饱含激情的爱好者；另一方面，故事鼓舞人心，莫尔森在山顶建造冰球场的举动足以振奋人心，这种情感会久久萦绕在受众心头，这在无形中推广了莫尔森的品牌。

需要注意的是，标签故事满足其4项标准（生动有趣、真实性、参与感、包含战略信息）的程度是由开发故事情节及使用故事的人决定的。但是，筛选故事的人要能经得起诱惑，不要把有一项甚至多项指标不达标的故事提升到标签故事的高度。

标签故事与事实大相径庭

标签故事具有叙事性,它的典型开头是"在很久以前……"这就将故事与一系列事实或特征清单区别开来。对我来说,这种概念上的突破使得本书得以突破瓶颈,直达核心。事实上,本书是在我和女儿詹妮弗经过多年的耐心探讨之后才完成的(好吧,我承认,在讨论的过程中,我们父女俩偶尔也会失去耐心)。詹妮弗是斯坦福大学的教授,她在讲故事的方法和技巧上有着丰富的教学经验和深入的研究。

这里,我们要避免陷入一个重大的误区,即把所有的交流类型都统一归到故事的范畴。我发现有些人就是这么做的,如果这样做的话,故事的概念就失去了其一贯实用的价值和意义。

因此,我们必须花些时间思考如何鼓励企业创建属于自己的"公司故事"或"品牌故事",这就需要厘清以下问题:

- 公司经营哪些业务?
- 公司的价值观和战略是什么?
- 目标客户是谁?
- 每个细分市场的价值主张是什么?
- 这些价值主张的区别是什么?

首先,我们需要列出一长串事实清单才能回答上述问题;其次,我们必须仔细探究这些事实,因为事实能够为商业战略和品牌愿景提供坚实的基础，这是成功的关键。但是，有一点必须明确，事实本身并不构成一个故事。

正如本章开头所述，由于事实能完整有效地传递大量的信息，因此大多数人习惯罗列关于某个组织或品牌的一系列事实。在这方面，与事实相比，标签故事则相形见绌，因为故事只能间接地传递少量的信息。例如，"慈善之水"讲述了娜塔莉亚的故事，故事虽然反响强烈，但也只是传达了该组织目标项目清单中的一小部分事实而已；IBM沃森健康的标签故事与奥兰多健康中心有关，故事的内容虽然具体明确，但也只是为看待IBM沃森健康在改善医疗保健方面的作用提供了一个有限的视角。

虽然一系列事实能够吸引那些需要完成传播任务的人，但它与标签故事并不相同。标签故事在传递战略信息的同时，还能抒发真情实感、激发受众的兴趣并吸引他们参与。实际上，事实集合大多枯燥乏味、缺乏乐趣，所传达的信息也是言过其实、缺乏真实性。更糟糕的是，同类组织之间的事实清单大都大同小异，这就导致事实失去了差异性。因此，相较事实而言，标签故事更能吸引眼球、更具说服力，也更能鼓舞人心。

既然描述性事实足以阐明何为品牌、组织或战略，那么在重要的战略沟通领域，我们又能做些什么呢？首先，我们要意识到，事实能发挥指导和激励作用的前提是要能让受众倾听和认可。但是，这种情况很少发生，因为没什么人有耐心听完一长串事实。其次，我们要积极探究故事是如何单独完成或协助事实完成同一目标的。有时，我们只要创造相关的语境并提供足量的信息，一系列事实就能摇身变成一个故事。在此，我们不妨回想一下福斯特[一]是如何阐述"故事"这一概念的。福斯特举了一个生动的例子：要是有人告诉你国王死了，王后后来也死了，那么你听到的不过是一连串的事实，但要是有人告诉你国王死了，王后得知噩耗后悲伤过度，随他而去，那你听到的就是一则故事。

标签故事无须代替事实

就其自身而言，事实可能很难产生生动有趣、说服受众且鼓舞人心的效果。但是，在商业环境中，罗列事实的确有利于双方顺利达成交易，因为事实可以提供一些实质性内容，使案例看起来更具说服力，更能降低未来遭遇反驳的可能性。另外，事实还有利于明晰故事的主要论点。因此，在故事的背景框架内呈现事实，而不是单独地罗列事实，就显得大有裨益。如今，我们有三种方式将其付诸实践。

将事实嵌入故事之中

最佳选择是，如果条件允许，我们可以试着将事实嵌入故事的情节之中。但要注意，嵌入的事实要能锦上添花而不是画蛇添足，也就是说，要能增强而不是削弱故事的完整性。另外，事实要能填补细节，

[一] 爱德华·摩根·福斯特（Edward Morgan Forster，1879—1970），20世纪英国作家，代表作品有小说《看得见风景的房间》《霍华德庄园》。——译者注

以便提高故事的可信度，使得充满挑战性的内容更加生动，更容易令人信服。还有，事实要能为故事角色创造行为动机、为场景填补细节，而不能生搬硬套，像强行塞入"附加物"一样。

但是，这是理想的状况，大多数时候事实很难与故事契合。如果出现这种情况，我们就必须另寻他法。

将事实放在故事之后

我们知道，故事不但能吸引受众的眼球，引领受众进入故事情境，还能在一定程度上降低遭到反驳的可能性，进而为后文列出的事实提供可供分析的论点。但是，将事实置于故事之后这一选择若想取得成效，故事要先做好铺垫，既能说服受众相信后面罗列的事实，又能让受众知晓事实的增加有助于提高故事的完整性。例如，"慈善之水"故事的最后就罗列了有关该项目的一系列事实，比如具体打了多少口井，人们又是如何从中获益的。再如，在讲完诺德斯特龙的故事之后，演讲者可能会接着讲讲连锁店的授权政策，也就是销售人员为什么可以"自作主张"地做出决策，为什么可以不受限制地进入各门店以便更好地满足顾客的需求，等等。总之，故事要能够支持事实，让事实听起来更具相关性和趣味性。

举个很典型的例子，安迪·鲁宾（Andy Rubin）是安卓（Android）的联合创始人，他就曾用讲故事的方式介绍了新创办的企业——Essential。[4] 据他说，这一切始于一个夜晚，他与一位老友相约散步。他回忆道："当时夜色渐浓，我们的聊天话题慢慢转到对当前技术形势的看法，老实说，我们俩都对当时技术发展状况感到不满，因为可供我们选择的产品越来越少，而生活中不必要的功能却越来越多。更糟糕的是，有越来越多无法相互兼容的产品充斥着我们的生活。"另一次长谈后，他又补充道："后来我和我的朋友一致认为，我们必须利用21世纪的技术创建一家新型企业，为生活在新世纪的人们生产创新产品，让大家都能以自己想要的方式生活。"讲完这个故事后，鲁宾开始阐述新企业的六大原则，比如"简单即美"等。如果没有上面这则故事为企业的原则做铺垫、做指引，恐怕很少有人愿意去理解并消化这些原则。

事实上，讲好故事有个窍门，就是恰如其分地摆出事实，这样既填补了故事的细节，又使故事的结构更完整，不至于将故事变成一种销售经验或自我吹捧的谈资，以致降低故事的真实性。如果故事精彩纷呈、扣人心弦且内涵丰富，并能够与事实高度相关，那么故事与事实的兼容性就会大大提高。

将事实放在故事之前

最后一种选择是，先摆事实，再讲故事。这种情况下，故事起着提供行为动机、增加可信度的作用，让事实听起来更丰满、更生动有趣。简单来说，企业可以在罗列完一系列事实之后，再搭配上一则与之相关的故事。如果使用得当，这种方式会取得意料之外的效果。同样，故事要能够起到预防反驳意见的作用，提高故事讲述者的可信度。在诺德斯特龙的案例中，如果将事实放在故事之前而非之后，可以先让受众了解与员工相关的政策的事实,再讲一段故事,故事内容不外乎"让我解释一下我之前所说的",这种选择也能取得良好的效果。

只有事实本身兼具说服力和趣味性,故事的内容生动简洁,事实优先的策略才能奏效。例如,莫尔森在山顶修建冰球场这一事实确凿无疑,而这足以激发受众的兴趣,让他们想要了解更多的细节。总之,事实不能让受众失去了兴致,以致故事无人愿意听。

但是,选择事实优先的策略也存在风险,事实会让受众形成分析性思维,间接地削弱了故事的力量。一项研究表明,如果让受众在听故事之前做分析,那么他们听到故事的反应与听到一系列事实的反应其实没什么区别。当然,要是讲述者富有爱心、闻名遐迩并为人所认可,上述的风险就会大大降低。

标签故事可以言简意赅

标签故事不必过分注重细节,面面俱到。故事可以适当留白让受众自己去填补。其实,刻意删减一部分细节反而能够激发受众的想象力,因此,留白也是吸引受众参与进来的一种有效方法。受众可以根据自身的经历适当地调整所听到的故事。经典的广播剧《魅影奇侠》(*The Shadow*)和《天罗地网》(*Dragnet*)就做了很多留白,让受众自行想象故事情节、刻画人物及补充细节等。

故事的篇幅也不宜过长。你可以尝试将故事浓缩成寥寥数语,这大有裨益。文学巨匠海明威曾与人打赌,他能用6个单词写出一则小说。后来，海明威真的写出了六字小说"转卖：婴鞋，全新"（For sale: baby shoes, never worn），赢得了赌约。据说，海明威对这部"短篇小说"颇感自豪。我们也不难发现，这六字小说省去了大量细节，留给读者自己去想象。比如，读者可以想象婴儿不幸夭折，母亲卖鞋时心痛不已的场景，还能进一步想到另一位母亲买到新鞋时，脸上洋溢的幸福神情。

另外，隐喻也是故事的一种，因为隐喻能留给受众想象和修饰的空间。这里，有关税收的三大隐喻就足以证明这一点：税收是一种负担（这时，我们脑海中会浮现出一个纳税人背着沉重的背包，长途跋涉去税务员那里缴税）；税收是应缴纳的会费（这时，我们脑海中又会浮现出一个付款人，他要去乡村俱乐部支付年费以获取设施的使用权限）；税收是对未来的一项投资（这时，我们脑海中会浮现出一个人，他正目不转睛地盯着眼前的道路和桥梁，这些基础设施将造福子孙后代）。

客户、员工或其他人都可以拥有自己的标签故事

对个人而言，标签故事可能是独一无二的。虽然它可能受品牌或企业的影响，但归根结底还是要靠受众塑造属于自己的故事，并描述故事的细节。虽然，故事仅存留于受众的脑海之中，但这种故事还是比那些出自企业之口的故事更具威力，更能鼓舞人们去复述故事的内容。

以丰田普锐斯为例，自20世纪90年代初次亮相，普锐斯便主导了混合动力车市场。在最初的15年里，丰田普锐斯在世界各地售出了

大约 350 万辆。为何客户如此青睐普锐斯？原来，许多客户都有相同的购买动机，那就是拥有该品牌的汽车可以兑现他们对保护环境的承诺。我曾听一位普锐斯车主分享他的故事，故事内容大致如下：

> 如今气候和环境变化日益加剧，我也想为改善环境出一份力，尽一份心。于是，到了该买车的时候，我下定决心要买一辆混合动力车，因为这种车可以减少燃油消耗，降低碳排放。但是，要买哪一款混合动力车呢？我之前试过几款车，但感觉都不满意。后来普锐斯引起了我的兴趣，因为它不仅拥有美观大方的外观设计，还融入了"混合动力协同驱动"技术（潜意识里，我觉得要是开普锐斯，亲朋好友一下就能看出来我开的是一辆混合动力车，也就不用我多做解释）。而且，这款车价格公道。总之，一切都如我所愿，我便毫不犹豫地买了下来。将车开出展厅时，我感到非常自豪，因为我已说到做到，用实际行动履行了保护环境的承诺。对了，顺便提一句，我还将购买普锐斯的经历分享给了我姐夫以及许多和我一起打高尔夫球的朋友。

这个故事之所以深入人心，是因为它来自客户，而非企业或品牌。但是，企业可以进一步说明普锐斯是如何减少碳排放的，从而增加故事的可信度。虽然这不过是常规的产品推介手段，但在此故事的背景中却可以发挥重要的作用。

品牌可以激活储存在客户脑海中的故事。例如，巴宝莉的"风衣艺术"（Art of the Trench）网站就鼓励客户上传自己的照片，照片里的人都穿着巴宝莉标志性风衣，而且照片的背后都蕴含着一段故事。该网站还会精选出几张富有意义的照片，供世界各地的网友欣赏和分享。分享照片的活动始于2009年，该活动推动了巴宝莉的数字业务和电子商务大获成功。仅在第一年，该网站就获得来自150个国家的750万次的浏览量。庞大的浏览量不仅支撑起了巴宝莉超时尚和"奢侈品民主化"的愿景，还为朝气蓬勃、富有抱负的年轻客户群打造了展示自我的平台。

再如，吉列曾推出"亲吻与诉说"（Kiss & Tell）活动，意在规劝男性放弃蓄胡子的想法，不再追逐时髦的胡茬男造型。为了推广此活动，吉列做了一项调查，调查结果显示，许多女性并不喜欢男性蓄胡子。另外，该项目还涵盖了以下3类活动：制作YouTube纪录片（包括接吻技巧教学）、创办微型网站（情侣可以在kissandtellus.com网站上分享接吻经历），以及举办各种现场活动（比如挑战一分钟内接吻次数的极限）等。无疑，这些活动让很多女性回忆起了一些尴尬的场景。这些场景中，男性伴侣的胡茬令人败兴，甚至惹人恼怒。

标签故事可以借用

如果你的企业还未打造出一个精妙绝伦、切中主题的标签故事，你不妨试用一套未成型的价值体系或实践活动，先创造出一个励志故事。他山之石可以攻玉，你还可以从其他地方寻找榜样，分析它们的标签故事并进行模仿，甚至还可以将别人的故事改编成自己的。

例如，其他企业高管可以套用诺德斯特龙的销售人员回收破损轮胎的故事，宣传其始终如一、开放自由的服务目标和以客户为中心的服务理念。又如，像里昂·比恩的标签故事所展示的那样，企业可以找到修复缺陷产品的原则和解决问题的创新动力。再如，其他企业可以从"慈善之水"的故事中寻找灵感，来创建一些接触和改善他人生活的项目。虽然这些故事并非你的独创，但仍然可以起到引导和启发的作用。

马克·贝尼奥夫（Marc Benioff）的标签故事就是个典型的例子。贝尼奥夫是赛富时（Salesforce.com）的创始人兼首席执行官，他率先将社会公益理念引入企业的商业模式。[5] 随后，有100多家公司套用了他的标签故事，以实现追求更高目标的核心理念。

当时贝尼奥夫不过35岁左右，他是甲骨文公司（Oracle）的高管，那时甲骨文正处于飞速发展阶段。贝尼奥夫希望能留出一些时间重新审视自己，以便在衡量成功的表象标准之外找到人生的意义。于是，他决定休一个长假，去夏威夷住上一段时间。但在出发前，他改变了主意，转而在印度待了两个月。他之所以改变主意，是因为受到印度著名灵性导师阿姆里塔南达马伊⊖的激励。这趟旅途坚定了他的信念，使他明白，做生意和行公益并不冲突，两者可以相辅相成。但是，

⊖ 阿姆里塔南达马伊（Mata Amritanandamayi）被人尊称为"拥抱圣人"，因为她热情欢迎并拥抱每一位来访者。——译者注

两者要想达到高度统一，企业就必须将公共服务置于它们的战略和目标之中。

回到家后，贝尼奥夫立即协助公司启动了"甲骨文的承诺"（Oracle's Promise）项目（"甲骨文的承诺"是效仿科林·鲍威尔将军的"美国的承诺"，后者旨在敦促美国年轻人下更大的决心行善），目的是为贫困学校提供可联网的电脑。但到了项目实施阶段，只有几个员工遵从安排，来到学校为学生安装电脑。计划落空后，贝尼奥夫意识到，要想完成这个项目，企业和员工必须真正履行他们的承诺。

因此，在1999年，为了将云计算应用于B2B服务软件，贝尼奥夫创建了赛富时，力求将企业对社会项目的承诺融入盈利性商业模式之中。为了寻找可以效仿的行业标杆，他研究了许多公司，这些公司的社会项目或环境项目普遍运作良好。之后，他将自己的研究成果和所学知识相结合，开发出了"1-1-1系统"，即企业每年贡献1%的员工工作时间（在最初的18年里，贡献了超过200万小时的时间）、捐赠1%的产品（有3.1万个非营利组织受益于赛富时所捐献的产品和服务软件）及1%的股权（共有1.6亿美元的捐款被用来支持社会公益活动）。项目的每一部分（特别是时间的承诺）都关乎员工的切身利益，而且为功能强大、目标更高的标签故事提供了实用的内容。

贝尼奥夫借助赛富时的项目，积极邀请其他公司加入"承诺"的行列，并努力推广1-1-1模式回馈社会。这是一项艰难的挑战，但值得庆幸的是，接受挑战的100多家公司不必重新塑造核心的更高目标系统。对这些公司而言，贝尼奥夫的人生经历就是一则标签故事，驱动着它们的发展。

当然，作为模仿对象的故事也可以来自新闻报道、历史事件、传记、小说、寓言、电视剧或电影等。但是，不管故事的来源是什么，都必须具有生动有趣、真实可信及引人参与的特点，还必须能够传递战略信息。《阿拉伯的劳伦斯》的故事就是一个绝佳的模仿对象，我们可以学习古贝尔如何将员工的注意力重新聚焦于哥伦比亚电影娱乐公司，使之重焕生机。这个故事告诉我们，寻找一个与我们的行业或客户毫不相关的故事，可以为我们提供一个兼具新颖性和说服力的视角。此外，如果这个故事早已家喻户晓，我们也就不必大费周折地去复述故事的内容，或者为了完美呈现故事而付出昂贵的代价。

彼得·古贝尔还讲了有关他与比尔·克林顿的一件轶事。身为一个讲故事的好手，克林顿讲故事的方式可谓独具一格。[6] 1992年，克林顿参加总统竞选，不料出师不利，在新罕布什尔州的初选中便落败。这样一来，他就必须在24小时之内筹集9万美元的资助，否则就无法前往下一个州继续竞选活动。并且，根据法律规定，必须由90个不同的资助者每人赞助1000美元才算数。为了筹到资金，克林顿的助手决定寻求古贝尔的帮助。为了确认克林顿是否有当选的可能性，古贝尔给克林顿打了电话。克林顿接起电话，就问了古贝尔一句："您看过《正午》（*High Noon*）这部电影吗？"古贝尔便决定资助克林顿。

问这一句就够了，克林顿大可不必重述这部上映于1952年的著名电影。电影中，新墨西哥州哈德莱维尔镇的执法官威尔·凯恩（加里·库珀饰）即将卸任，他打算带着新婚妻子艾米（格蕾丝·凯利饰）离开小镇。但是，当他得知自己亲手送进监狱的罪犯弗兰克·米勒刑满释放，并将乘坐中午的火车前来复仇后，他决定暂时搁置自己的计划，因为他觉得自己有责任面对米勒。但是，双拳难敌四手，于是他去寻求曾支持过他的镇上居民的帮助，但那些人胆小怯懦，不敢与凯恩并肩作战。凯恩只得独自面对米勒一伙人。那天，凯恩仅凭一己之力便打败了米勒一伙人，但他对那些虚情假意的人始终耿耿于怀。

影片故事的内核不言而喻，和平时期需要忠诚，困难时期更需要。这一道理同样适用于克林顿的竞选。要想取得最终的成功，就要先保证把眼前的日子挺过去。克林顿的意思很明确，他不需要那些只能共享富贵而不能共渡难关的朋友。我们再回到影片，《正午》讲述了一个有关勇气和理想的伟大故事，它传达了忠诚的重要性。通完电话后，古贝尔如醍醐灌顶，当即决定资助克林顿，他还把这个故事讲给朋友听，让他们一起伸出援手，帮助克林顿渡过难关。

挑战：企业要做好讲述标签故事的准备

毫无疑问，只讲事实不讲故事是行不通的。仅仅罗列事实无法吸引眼球及刺激社会需求，更无法起到说服和激励人心的作用。的确，由于故事间接含蓄，无法达成很高的效率。但是，从另一个角度想，或许正是因为故事间接委婉的特点，它才能深入人心，取得良好的效果。既然标签故事效果显著，那么为什么企业对它并不上心，不下功夫打造专属的标签故事呢？我们该如何让企业认识到标签故事的作用，并愿意使用标签故事呢？事实上，要回答以上问题，我们要做到以下两个步骤：第一，了解故事的力量；第二，得到企业对开发和运用标签故事的支持。

让企业相信故事的力量

正如本节开头所指出的那样，人们似乎对陈述事实情有独钟。原因主要有两个：一是大多数沟通的目的都与一系列事实有关；二是现实生活中还存在一种隐性的假设（这种假设在 B2B 和高科技公司特别流行），即客户是理性的，他们有能力和动力去处理一系列事实，并对做出正确决策饶有乐趣。但是，通常这种假设都是不成立的。事实上，一般情况下，客户并不关心你的企业、品牌和产品，也没有兴趣、动机或能力去处理内涵丰富的信息，更不用说做出"最佳"选择了。虽然如此，这些假设仍然大行其道。

如何避免陷入这种误区？你要做的是以品牌和产品为背景，生动地展示出故事的力量。一种方法是寻找行业典范，找到那些高效利用故事的企业，向它们寻求帮助；另一种方法是将手头已有的故事公之于众。由于这些故事阐释观点的力量早已人所共知，也就不难取得良好的效果。还有一种方法是进行一项实验，将标签故事与事实进行对比，看哪一种效果更好。实验通过衡量受试者兴趣度的大小，得出实验结果。受试者对信息的关注度，以及他们观念和行为的改变程度会出乎你的意料。

寻找并利用故事

事实上，也不乏想要尝试用讲故事的方法推广品牌的企业，但苦于无法找到或创造不出合适的故事。当好故事出现时，它们要么让这些故事从指缝溜走，要么就是不知道如何在企业的内部或外部有效利用。归根结底，企业无法找到或利用故事的原因在于，没有一种有效的机制可以获取故事，或者根据沟通的需要定制故事，或者无法对故事进行专业性的描述，因此失去了在企业内部或外部市场有效利用故事的能力。

实际上，创造一个利于标签故事发展的环境可以给企业带来深刻的变化。当然，要实现这种变化绝非易事。就这方面，有些企业将标签故事视为沟通交流的重要手段，它们或许能够提供一些有用的指导方针：

- 开发一系列战略信息要基于定义良好的品牌愿景、客户价值主张、企业价值观和经营策略。
- 企业内部要有一个关键的主管，可能是首席营销官，致力于发掘战略故事，并为故事提供必要的资源。
- 认真倾听客户的心声，听听他们是如何使用你的产品或服务的。
- 鼓励员工发现潜在的标签故事。
- 了解你企业的传统，调整使其适应当前情形。
- 在企业内部或其他企业找到足以打造标签故事的行业典范。
- 安排一位资深员工，帮助创建组织结构、设定组织流程，用以发现和打造合适的故事并为之制作专业的演示。

创建讲故事的文化

不知你是否参加过一场持续4个小时之久的会议，会议上充斥着幻灯片，却没讲任何故事用来说明文稿的内容。如果你曾有过这种经历，那就说明你所在的企业文化出了问题。如果每次开会企业都能够额外安排10分钟，让人们互相分享故事，或者要求每位发言人以故事开始他们的演讲，那么不仅会让会议变得生动有趣、令人难忘，员工还能从中学会如何讲故事。拥有讲故事的技能，能让他们成为更高效的沟通者和领导者。

标签故事种类繁多，并非只有一种。第2章我将介绍一系列标签故事，并探讨这些故事的强大力量以及我们在使用这些故事时会面临的挑战。第3～5章，我将解释标签故事如何通过战略信息对受众施加影响。第3章，我将说明标签故事如何提高品牌知名度和活力，然后解释为什么提高品牌知名度和活力如此重要；第4章和第5章说明如何使用标签故事说服及激励员工和客户。

第6章将介绍标签故事的主要目标受众——客户、员工和企业高管，以及这些人听到标签故事后会有何反应；第7章将追溯故事的来源；第8章将探讨让故事更具说服力的方法，将故事用于解决实际问题；第9章将讨论个人的职业标签故事，所涉及的内容从企业转移到个人的职业和生活。

CREATING SIGNATURE STORIES

第 2 章
标签故事集

团队的力量关乎每个成员，每个成员的力量铸就团队的力量。

——菲尔·杰克逊，作为 NBA 主教练 11 次带领球队夺冠

Skype 沟通你我

Skype[⊖]的战略信息是利用自己能够在视觉和口头上将用户联系起来的能力，让他们共同实现一些个人难以完成的事情。Skype 的沟通目标是为用户处理疑难问题提供创造性的解决方案。但是，传递战略信息和达成沟通目标的前提是，用户要具备创新思维。

- 在纽约，一位著名的指挥家在地铁站里看到几位艺人在那里演奏，顿时沉醉其中。为了让更多人发现他们的才能，这位指挥家开始琢磨要怎样发掘并展示他们的才艺。后来指挥家想出了一条妙计，他邀请 11 个在地铁演奏的艺人共同组建了一个交响乐团。表演时，艺人各司其职，面前都放了一张折叠椅，折叠椅上放着笔记本电脑，指挥家通过电脑上的 Skype 为他们指挥。这个故事经视频和广告传播后，引发了强烈的反响。
- 丹尼斯·波兹纳克是位普拉提教师，她在佐治亚州教了 12 年普拉提后搬到纽约居住。在纽约安顿下来之后，她还想继续培训在佐治亚州的客户，那该怎么办呢？Skype 帮了她一个大忙，波兹纳克可以通过 Skype 继续培训纽约培训基地或在旅途中遇

[⊖] Skype 是一种即时通讯软件。2010 年 3 月，诺基亚推出基于塞班系统的 Skype 应用程序；2011 年 10 月，微软收购 Skype。——译者注

到的来自全球各地的客户。事实上，使用 Skype 之后，客户体验得到了显著的提高。他们不用再开车去参加训练，也不用穿花哨的运动服，在家就可以练习普拉提，而且家中舒适的环境更是大大提高了训练的效率。甚至，在世界各地旅游的客户也可以随时加入其中，一起训练（有一个客户每周的训练场所都不一样）。有了新的训练方法后，现在波兹纳克可以给来自世界各地的客户教授普拉提。

- 萨拉和佩奇是两位可爱的小女孩，她们来自不同的国家，萨拉来自美国印第安纳州，佩奇则来自新西兰。不幸的是，她们俩都先天残疾，没有左臂。由于两个女孩同病相怜，她们的母亲就想让她们互相认识，彼此陪伴。但是，两地相距甚远，两个人该如何建立友谊呢？有没有什么好的方法帮助她们取得联系？Skype 又发挥了大作用。两个女孩通过 Skype 保持联系，分享彼此的经历，并建立了深厚的友谊。后来，Skype 邀请她们共聚纽约。在纽约，她们有了一次深刻的情感交流。Skype 分享了萨拉和佩奇的故事，故事获得了超过 4200 万次的点击量和超过 3000 次的媒体报道，甚至电视节目也争相报道，凯蒂·库里克在其脱口秀节目中便分享了她们的故事。

显然，这些故事都有一个基本内核，即 Skype 可以帮助富有创造力的人完成令人惊叹的事，帮助他们改善生活甚至改变生活。这些故事传递出了完整的战略信息，这是单一的故事所无法比拟的。

标签故事集传递相同的战略信息

标签故事通常是以集合的形式出现，很少"单打独斗"。事实上，故事集有两大优点：第一，故事集能够增强趣味性、鲜活性和可见性；第二，更重要的是，故事集可以拓展战略信息的深度和广度，这是单一故事很难做到的。

本章将探讨不同类型的标签故事集。前半部分探讨用来传递同一战略信息的标签故事集，后半部分则探讨由于产品、应用、文化或客户类型不同而必须涵盖多种战略信息的故事集。

包含同一战略信息的标签故事集会以不同的形式和原因出现。一些是为了阐明核心标签故事，另一些则是为了满足不同的用途、发言人、视角或情节等。当然，企业也面临着挑战，其中之一是如何处理这些故事集，使之相辅相成，共同发挥附加作用。为了实现这一目的，每个故事都要各司其职，并且这些故事要靠战略信息之外的共性串联起来。

细化故事

我们可以用多个支持性故事辅助一个核心故事，以增强故事的深度和趣味性。此外，核心故事的某个方面、某个角色或某个地点可以作为支持性故事的主角。

特拉斯的成长故事就是一个典型的例子。特拉斯用一系列故事讲述了企业的发展历程，包括在加利福尼亚州费利蒙市建造了一个巨大的组装工厂，并开拓了一个分销渠道。借助这一渠道，客户可以边在费利蒙取车，边参观工厂。特拉斯还讲述了建造充电站、在内华达州里诺市建一家电池厂以及增强 S 型车驾驶体验的故事。

广为人知的莫尔森山顶冰球场的故事是由每位胜出者的故事支撑起来的。这些支持性故事为核心故事搭建了结构，并注入了情感。在这里，我想分享一个冰球爱好者的故事，故事的主角叫维塔利，是位爱沙尼亚人，他的父亲安德烈是冰球的狂热爱好者。17 年前，父亲举家迁往加拿大，梦想着 12 岁的儿子能在那里打上冰球。维塔利秉承父志，不仅成为魁北克省青年队的一员，而且颇有名气。父亲经常去看维塔利比赛，为他的每一粒进球欢呼喝彩。维塔利希望有朝一日能够报答父亲的栽培，于是莫尔森决定帮助维塔利以"最具加拿大特色的方式"感谢父亲，它让父子俩在"世界之巅"冰球场进行了一对一的比赛。此举赢得一片叫好，报道此次事件的视频甚至获得了 130 万的点击量。另外，莫尔森还有一个建造大型冰球场的标签故事，吸引了众多对巨型建筑着迷的人。

对于里昂·比恩公司而言，关于里昂·比恩的一系列故事则能够帮助客户了解比恩的为人，客户通过故事了解了他的个性、生活方式以及他对创新和户外运动的无限激情。许多有关他的钓鱼经历和专业技能的故事经常会出现在里昂·比恩公司的宣传册上。1936 年，比恩在如何制作鱼饵的故事里解释道，要想钓到鱼，你只需要准备两种类型的 8 个鱼饵，如果 8 个鱼饵都没有钓到鲑鱼，那你就收工吧。这些故事为他博学多识、真实可靠的形象增加了可信度，同时也粉饰了里昂·比恩公司的品牌。

不同的应用

标签故事在推广产品或满足顾客的需求时会涉及应用。而且，用不同的应用复述故事可以拓展故事的深度，并保持故事的新鲜感。例如，在Skype的故事里，Skype影响交际互动和人际关系的能力可以在不同场合由不同角色来阐述。

柏兰德（Blendtec）"它能被搅碎吗"（Will It Blend?）的挑战也演示了应用的强大功能。2006年，柏兰德公司的创始人汤姆·迪克森（Tom Dickson）在YouTube上发布了一系列视频。视频中，柏兰德搅拌机搅碎了各种物品，包括橡皮泥、高尔夫球、玻璃弹珠、手机、信用卡、比克打火机（BIC）和人造钻石等。在每一个标有"请勿在家中模仿"警示语的故事中，迪克森会先介绍要搅碎的物品，然后照例问一句"它能搅碎吗"，随后开始实验。实验总是获得成功，这证明了搅拌机无坚不摧的力量，赢得了满堂彩："是的，它能被搅碎！"这一连串的广告不仅生动地演示了柏兰德搅拌机的多功能性和巨大威力，还演示了该品牌的独特个性：自信、风趣幽默。这些视频会令受众难以置信，并且和其他广告相比，它们都是非常受欢迎的。[1] 仅一个搅碎iPod的视频就获得了超过1700万次的点击量。最初7年，柏兰德广告的总浏览量超过了3亿次，并且都是在零媒体预算的情况下。

不同的情节

随着时间的推移，标签故事可能会以不同的方式呈现，但所传递的信息及造成的影响基本不变。百威克莱兹代尔马的故事就是如此。自 1996 年以来，几乎每年都会有一个新的克莱兹代尔马的故事出现在"超级碗"的广告中。故事的标题虽然没变，但情节和角色会有所变化。事实上，以克莱兹代尔的故事为题材的广告一直是"超级碗"的热门广告。《今日美国》曾开展一个评选活动，选出了"超级碗"50 大最佳广告，其中百威克莱兹代尔马的故事就占了五个席位。[2]

这些广告展现了动物（以马和狗为代表）的魅力、忠诚的本性以及动物与动物之间、动物与人之间和谐友爱的亲密关系。事实上，百威的一系列广告都传达了类似的情感信息。有一则广告是这样的：一条金色拉布拉多犬三天两头就会从圈养它的农场逃出来，去看望它的伙伴克莱兹代尔马。一天，正当小狗要被一辆车载走时，五匹克莱兹代尔马勇敢地把车拦了下来，并一路护送小狗回到马厩。从此以后，这条狗和克莱兹代尔马快乐地生活在了一起。还有一则广告是关于一匹克莱兹代尔小马驹，这匹小马驹和驯马师结下了深厚的情谊。后来，小马驹渐渐长大，被选入一支搭便车队（hitch team），但它仍对驯马师念念不忘。对百威而言，克莱兹代尔马象征着可爱、忠诚和阳刚之气，这与该品牌的传统不谋而合。这一系列广告帮助百威建立了强有力的品牌，大大提高了品牌的知名度。

不同的发言人

同一主题的故事可以由不同的发言人或主人公来讲述。嘉信理财与美国有线电视新闻网（CNN）就曾携手合作，讲述了 12 名 CNN 主播的故事。当时，他们请了不同的主播作为发言人，每个发言人都讲述了给自己的人生带来改变的人。请CNN主播讲述自己的故事，这一想法是基于嘉信理财最高的客户目标，即客户是自己未来财务的主人。而且研究表明，这些"主人"或多或少都受到了导师的影响。

例如，迈克拉·佩雷拉（Michaela Pereira）的故事是这样的：迈克拉大学毕业后就回到了自己的家乡。在一次吃午饭的时候，她与大学时结识的一位女性朋友不期而遇。朋友看着她的眼睛诚恳地说道，你很适合做电视主播。迈克拉回忆道，要不是因为那次对话，她不太可能朝着电视主播的职业方向发展，当然也就不可能抓住机会，成为一名CNN主播。阿什莉·班菲尔德（Ashleigh Banfield）则谈到了她的母亲。这位伟大的女性在极其困难的时期撑起了整个家，并且通过不断努力，成为当地一位颇有名气的房地产专业人士。据阿什莉回忆，母亲是她生活的靠山，母亲不但支持她，还对她严格要求。母亲教导阿什莉永远不要抱怨生活的艰辛，而要积极采取行动，改变现状。总之，所有的视频都以一种非常动情的方式讲述了关乎教导和责任的故事。

这些故事在主播个人的节目、在时长两个小时的CNN特别节目以及在各种数字媒体上均有播报。作为独家赞助商，嘉信理财将涵盖品牌内容简介的广告放在CNN故事的旁边。这些小广告不仅将导师的影响与嘉信理财联系在了一起，还与作为自己未来财务的主人的投资者的战略信息联系在了一起。受到故事的启发，嘉信理财也如法炮制了题为"谁给我的人生带来影响？"的短视频。有一个视频是关于一位女孩的，女孩的父亲告诉她投资的重要性，并教导她如何投资、如何制定及追求目标。小女孩长大后，取得了工商管理硕士学位，并成功地创办了自己的公司，她将这些成就全都归功于自己的父亲。

这个项目于2016年1月启动，打破了"所有的经纪商都是一个模子刻出来的"这一刻板印象。广告播出之后，嘉信理财品牌的认知度提高了26%。此外，数据显示，嘉信理财品牌故事的表现甚至优于主流广告（带有传统信息的广告），在"分享我的价值观"这一项上的得分高出了主流广告29%，帮助嘉信理财将原来开通的数字账户数量增加了一倍。[3]

不同的视角

从不同的角度叙述同一故事会让它变得更有趣。我们不妨回想一下第1章"慈善之水"的标签故事，故事讲述了一位名叫娜塔莉亚的15岁小女孩，当选了莫桑比克一个村庄水务委员会的主席。除了娜塔莉亚的故事，"慈善之水"还有其他25个标签故事，为我们提供了不同的视角。有一则故事是关于住在马拉维的保罗·博托曼的。当时，博托曼已经55岁了，但精力充沛，对打井总是充满热情。故事从他的童年说起，那时博托曼才6岁，村里打了一口井，这口井改变了全村人的生活。后来，博托曼慢慢长大，他接受了修井培训，开始从事"钻井医生"的日常工作。还有一个是德维森的故事，德维森是一位小男孩，他也住在马拉维。德维森觉得打水不应该是"女性专属"的工作，因此他经常徒步去打水。德维森肩负起打水的责任并不是为了逞英雄或是为了表明自己的立场，他只是想做正确的事情，并为他的母亲争取更多空闲的时间，也为他的妹妹节省出时间去上学。

"慈善之水"还有一个与创始人斯科特·哈里森（Scott Harrison）

有关的标签故事。这个故事提供了一个全新的视角，自然而然地涵盖了企业的诸多价值观和战略决策。那时哈里森不过28岁，但已经是一位小有名气的夜总会和派对推销员。但是，当他审视自己的人生时，他发现"我在自私和傲慢中挥霍了大部分的时光"，因此他感到"很不快乐，必须做出一些改变"。[4] 于是，他成为一位颇受欢迎的摄影师，开始为一家慈善机构工作，这家机构原来在西非经营医院船。哈里森接触了许多患者，并留心观察他们的症状。他发现来此接受治疗的许多患者都是因为喝了不干净的水。时间来到2006年，在他生日的当晚，哈里森成立了"慈善之水"这一非营利机构，并为机构筹集了1.5万美元（今天，成千上万的人把生日所得的收入捐给了"慈善之水"）。"慈善之水"的目标是为每个人提供洁净的饮用水。为了将机构运营规范化，哈里森还制定了一些原则，比如所有的钱都要用于打井（间接费用由另一项筹款支付）；水井由当地人自我管理；捐赠者可以在地图上找到"他们的水井"，并可以查阅井的图片和文字介绍。另外，"慈善之水"还有一项宏大的计划，就是到2020年让1亿人用上洁净水源。

为什么要有多样的标签故事

用不同的标签故事传递相同的战略信息始于两大动机：第一，引发兴趣、创造活力及提高可见性；第二，拓宽核心故事和关键信息的深度和广度。

引发兴趣、创造活力及提高可见性

标签故事单一化会带来一个很大的问题，那就是随着时间的推移，故事会逐渐从受众的记忆中消失。一个故事你听了一遍，就不想再听第二遍了。那么，怎样才能维持故事的可见性呢？你可以利用具有相同战略信息但不同细节的一系列标签故事激发并保持受众的兴趣。举个例子，如果柏兰德找不到可以定期提供新鲜故事的素材，那么广告就无法带来持续的重大影响。当然，这个道理同样适用于莫尔森痴迷冰球运动的核心故事。讲述一系列标签故事能带来许多好处，其中之一就是有趣的故事可以带来额外的活力和可见性。更重要的是，一系列故事可以反复提醒受众关注核心故事。

第3章我将详细介绍纯粹的品牌知名度的力量。事实上，故事集创造了增强核心故事及提高品牌可见性的机会。Skype的一系列故事就维系了基本战略信息的生命力，使它不至于被人们遗忘。广告的推陈出新还会帮助人们回忆起先前广告的基本内容，包括回想起一些特定的广告。例如，"慈善之水"的一系列故事就是通过不断地更新故事的角色及转换故事的视角，从而在一定程度上增加故事的活力、趣味性和可见性。

当故事取得成效时，早期的故事会引发受众的兴趣，让人们持续关注后期的故事。事实上，上一个故事的成功可以为下一个故事做铺垫，降低后者吸引受众注意力的难度。柏兰德的广告就是一个典型的例子，每个柏兰德的广告都以其幽默风趣、打破常规及半开玩笑式的实验让人们对下一次实验产生期待。同理，百威投放的每一个克莱兹代尔马广告都增加了受众对下一个广告的期许。

当然，变换故事版本也会带来挑战，最大的挑战就是要避免故事千篇一律，以致惹人生厌甚至令人恼火。如果柏兰德的广告是以认真严谨的方式呈现，那么广告引起受众关注的难度就会加大。相较而言，以幽默的形式和夸张的表演呈现这些实验，不仅能大大降低这种风险，还能给受众带来快乐，可谓一举两得。

另一项观察表明：紧凑的故事值得人们花大量时间进行讨论。这种故事篇幅很短，一页纸或一个短视频就足以讲完。事实上，在数字时代，人们的注意力持续的时间变得越来越短，大多数人更愿意把时间花在一页纸、一则故事或一段三分钟（甚至更短）的短视频上。总之，紧凑的故事比冗长的故事更容易吸引眼球，也更容易被人消化吸收。

拓宽信息的深度和广度

标签故事集的第二大动机是拓宽信息的深度和广度。是支持性故事让莫尔森的核心故事更具深度和质感，这些支持性故事是围绕山顶冰球场及冰球场使用者展开叙述的。由此可见，故事集会加深人们的印象，形成更加深远的影响。在"慈善之水"的故事里，通过新的角色和视角，人们会对用水的问题有深刻的理解，从而帮助我们快速找到解决方案。

故事集还能突显战略信息的广度。以Skype为例，单一的故事很难完成传递完整信息的任务，因为单个的故事难以阐明Skype是如何为富有创造力的个人或企业打造沟通渠道的。但是，如果有3个、6个甚至十几个这样的故事相互补充，所传达的基本观点就会具有更高的可信度。同理，柏兰德的战略信息通过不同的实验广泛传播，其内容也变得更具说服力。

多重战略信息

一些标签故事集涵盖多重战略信息。一个企业可能有许多由产品、应用、客户群或国家定义的业务单元，并且这种业务单元可能超过100多个。对这些企业来说，单一的全球战略信息既不是最佳选择也不具备可行性。因此，企业不仅需要一个战略信息，还需要为每个业务单元量身定制标签故事。这种需求在B2B的商业环境中尤为普遍，因为在B2B领域，一种品牌可能驱动着多种业务单元。

第1章IBM沃森健康的故事就属于这类。IBM沃森健康不仅为医疗管理者、医生和医院管理人员等医务人员提供服务，还促进了基因组学、肿瘤学、护理管理和个性化健康管理等多个领域的发展。由于涉及面广，每个领域可能都需要专属的战略信息和标签故事。

我所任职的品牌和营销咨询公司铂慧也开发了数十种标签故事，旨在将产品的力量传达给潜在客户。我们会定期更新故事，[5]目前共有200多个故事可供员工选择，方便他们在写文案、演讲或客户推介会使用。一些故事有单页和多页两种版本，有些甚至还配有视频。由于铂慧的产品覆盖面广，我们就需要多种不同类型的故事来承载多样化的战略信息。战略信息所涉及的多个维度可以归结为三大板块：品牌和客户体验、数字化转型及加速发展。故事深入浅出地描述了不同板块的多种学科和研究方法，比如细分市场、品牌战略、分析、设计、文化和创新等，其中文化和创新领域跨越了零售、金融服务、医疗保健、B2B产品和服务等多种行业。

我们还会定期分析案例，以便发现客户面临的问题，然后找出解决问题的方法并提出解决方案，最后评估结果。我们分析过的案例有：

- 克拉特&巴雷公司（Crate & Barrel）。克拉特&巴雷公司的业务一度很不景气，为了遏制颓势，该公司开始尝试通过明确品牌来增加客流量，进而刺激销售。后来，公司引入了象限研究的方法，把人们的注意力吸引到尚未开发但具备研究价值的部门。此外，公司还实施了一系列新的举措，包括重新定位品牌、提供新产品、优化产品组合、利用社交媒体开发新的市场营销活动，以及启动一个商店再设计项目等。一年后，一系列调整措施开始发挥成效，不仅客流量激增，销售情况也得到了显著的改善。
- 拉斯维加斯大都会酒店（The Cosmopolitan of Las Vegas）。作为一个激烈竞争市场的新成员，拉斯维加斯大都会酒店需要在2010年12月，也就是开业前15个月，开拓出一个利基市场。该如何完成如此艰巨的任务？拉斯维加斯想出了一个解决方案，就是通过重新定义拉斯维加斯市场的奢侈品来改变赌场的度假体验，让"每个走进赌场的人都能体验到宾至如归的感觉"。事实上，顾客也确实感受到了具有现代感、真实感、充满友好和活力的赌场气氛。这一转变帮助拉斯维加斯一跃成为赌城大道上平均入住率最高的酒店，一举夺得数个"热门榜单"的酒店奖项。

- 德国电信（T-Mobile）。2011年，德国电信在与AT&T、威瑞森（Verizon）和斯普林特（Sprint）的竞争中败下阵来，员工也丧失了斗志。但是，德国电信仍有反击的余地。一项研究表明，人们普遍对无线运营商感到失望和愤怒，因为这些运营商不仅要求用户签署两年的承诺合约，还限定用户的使用期限。用户对运营商这种混淆定价及未能奖励忠实客户的做法深感不满。而这对于野心勃勃的德国电信来说是个难得的机遇。德国电信力图通过推出"非运营商"（Un-Carrier）项目来打造新的类别。"非运营商"项目便捷、公平且富有价值，不仅引发了市场风暴，还激发了员工的斗志。该项目的启动证实了德国电信愿意从根本上改变与客户的关系，公司愿意将客户的利益摆在第一位。到了2013年，德国电信已经吸引了超过400万的净客户，《快公司》（Fast Company）将其评为2014年最具创造力的企业之一。

- 万豪（Marriott）。据统计，2014年有近200万名中国游客到美国旅游，这些数量庞大的游客正成为万豪酒店快速增长且至关重要的细分市场。[6] 为了更好地服务中国的游客，万豪推出了一个与众不同的"礼遇"（即提供"殷勤的服务"）项目，而不只是在客房里安排一些普通的服务，比如提供茶和拖鞋等。对客户体验和期望的研究推动了新式服务的诞生。有一项是2016年推出的微信项目，该项目是为了方便中国游客用中文与当地礼宾员沟通；还有一个项目是重新进行品牌图形和视觉设计，以便提供多样化的礼遇服务。

挑战：标签故事过剩

有些企业相信标签故事的力量，也成功地找到了利用标签故事的方法，但它们面临着另一项挑战：故事过剩。

拥有数量庞大的标签故事绝对不是一件坏事，它们可以带来新鲜感、激发活力、提高可见性、延伸广度及提升质感。而且，大多数企业不仅需要一些单独的标签故事，还需要有多个标签故事的故事集。但是，故事的数量有限制，如果超出一定的范围，故事就过剩了。过犹不及，太多的故事会加大员工管理和客户理解故事的难度。

对于企业高管和经理来说，使用触手可及的故事可以发挥最好的效果。企业至少要有一两个精彩的故事才能吸引受众的关注。但是，有时只有一两个故事是不够的，而15个甚至30个故事就太多了。太多故事会掩盖甚至让人无法注意到那些好故事。故事过剩还会导致资源和资金流向平庸的故事，导致没有足够的资产分配给优秀的故事，这些故事不得不面临被埋没的风险。长此以往，可以利用的故事就会越来越少，根本无法产生什么影响。难怪企业管理者寻找好故事就像大海捞针，经常茫然不知所措。这是其中一种形式的故事过剩。

滔滔不绝地向目标受众（无论受众是员工还是客户）灌输标签故事，也可能导致故事过剩。这些故事虽然篇幅有限且具有说服力，却无法引起受众的兴趣和关注。太多的标签故事会让受众厌烦企业所传递的战略信息及故事情节，甚至会让受众产生抵触情绪。如此一来，故事也就无法再以娱乐、信息或强化自我形象的形式吸引受众。这是另一种形式的故事过剩。

那么，该如何应对故事过剩的问题？多重策略是一个不错的解决方法。多重策略是为了确保所有故事都能各施所长，并保证企业能优先考虑并获得质量达标的故事。

筛选

标签故事过剩的一大原因是筛选不当。说得直白一点，有些故事并不具备成为好故事的资格，也不具有发展的潜力，它们本就不应该出现在故事集里。如果让这些故事通过筛选，就会大大提高故事过剩的风险。

在第 8 章，我们将详细讨论筛选好故事的标准。一般来说，筛选的标准要根据标签故事的定义而定。生动有趣、真实可信且引人参与的故事（而不是一系列事实）能否传递战略信息？好的故事不应该只是勉强达到上述指标，而应该完美达成所有指标。

标签故事的作用和价值可能会随时间发生变化。比如，技术变革可能会导致故事过，或者其他故事的出现让故事变得不再重要。此外，由于有些故事本身带有话题性，故事便有了一定的使用期限。因此，我们需要经常重新评估标签故事的作用和战略信息的影响。如果故事的影响力有所下降，我们就需要适时调整故事的优先级，并投入更多的资源。

故事要保持新鲜感

只有一个战略信息的标签故事必须定期更新，只有这样，受众听到故事时才会有耳目一新的感觉，而不至于产生"怎么又有一个烂故事"的厌恶感。此外，新的故事要新颖且引人注目，这样才能引发受众的好感。

柏兰德和百威为了让受众产生参与感，会定期发布新的故事和值得传播的信息。柏兰德成功地开发了新的故事，使其"它能被搅碎吗"的挑战备受欢迎。故事推陈出新，无不紧张刺激、令人惊叹。百威的广告则与一年一度的"超级碗"同步推出，故事温暖动人，不仅回馈了受众，还将百威的品牌铭刻于受众的心中。

还有一点很重要，标签故事要有一群"粉丝"，这些"粉丝"的驱动力来自令人拍手叫绝的故事内容。如果内容符合他们的预期，"粉丝"就会大力支持，并满腔热情地在社交媒体上传播该故事。因此，归根结底，标签故事的内容非常关键，切记不能让故事的内容随波逐流。

占据主导地位或高优先级的故事

要让所有故事都具备吸引力不太现实，所以拥有至少一个占据主导地位的故事就显得很有必要。对于柏兰德而言，占据主导地位或高优先级的故事是搅碎 iPod 的短视频。该视频风靡网络，很多人都对这个故事印象深刻，因为 iPod 当时火遍全球，搅碎 iPod 确实出人意料。Skype 的主导故事是萨拉和佩奇的故事，她们的故事获得了很高的曝光度。因此，企业要尽快识别出主导故事并对故事提供支持。

铂慧也有一些具备传递战略信息能力的故事，这些故事最终跻身高优先级标签故事的行列。德国电信通过"非运营商"项目重新定义通信运营业的故事就是其中之一，这个故事展现了铂慧在业务转型、品牌和客户体验方面的能力。还有一个是拉斯维加斯大都会酒店的故事，拉斯维加斯大都会酒店之所以能够在竞争非常激烈的酒店行业中脱颖而出，部分原因是，铂慧在服务创新以及建立和实现品牌愿景方面有着卓越的能力。

铂慧投入大量的精力和资源确保高优先级标签故事得到曝光，与此同时，公司还通过多种途径展示标签故事，包括醒目的公告板（如果条件允许，还可以邀请客户参与其中）、播客、报刊文章、举办新闻报道活动以及可以在 YouTube、铂慧或其他网站观看的视频（包括看客户的评论）等。在铂慧内部，一个高优先级标签故事只要得到内部网或博客的推广，就可以成为故事资源及文化建设的一部分。

复合型故事

处理故事过剩的另一种途径是开发复合型故事，这类故事会详细叙述单个故事的细节，但难免牺牲一些戏剧性。复合型故事以一个"典型客户"为代表，并同时吸取多个客户的经验。"慈善之水"曾制作了一个动画视频，讲述了原本缺水的人群如何喝上干净饮用水的故事。视频演示了修建水井前后农村家庭生活的变化：在修建水井之前，妇女儿童（大多是小女孩）要头上顶着水桶，走上好几个小时去打水，打到的还是污水。为了打水，很多女孩甚至没时间上学。在修建水井之后，农村的家庭生活发生了翻天覆地的变化。故事开篇就提到，全球大约有10亿人缺少洁净的饮用水，而这一事实也贯穿了故事的始终。

协同作用

无疑，一系列相互协作的故事比任何单个的故事都更有深度、更具影响力。以莫尔森的标签故事为例，一系列故事都传达了莫尔森品牌对冰球运动的激情，增加了品牌的丰富性、情感和深度。里昂·比恩的故事如出一辙，同样讲述了里昂·比恩对钓鱼和户外运动的热衷。百威也是如此，克莱兹代尔马的一系列故事相互补充，相辅相成，加强了与受众的情感联系（还有一些例子主要与视频有关，讲述了克莱兹代尔马与养育和训练这种马的农场之间的故事）。上述所有案例，故事都是相互协同的。因此，故事集不仅仅是各部分之和。

故事库

处理故事过剩还有一种方法，就是为使用故事的员工创建故事库。要发挥故事库的作用，首先故事库必须易于访问，其次对故事进行编码，以便员工迅速找到最合适的故事。例如，铂慧就建立了一个相对较为完善的故事库，方便员工快速过滤不同维度的故事，这些维度主要包括行业类别（55个选项）、产品类别（11个选项）、时间范围（近期或2年以上）、格式（单页、多页或视频）以及客户等。

故事库还可以帮助网站访问者找到最实用的故事。例如，Skype将故事分成15类，包括表演、艺术或设计、美容、教育和美食等。此外，Skype拥有一套数量多达130个的标签故事集，便于网站访问者通过行业、产品或语言这3类进行检索。

接下来的3～5章，我们将探讨标签故事在创建品牌和建立关系方面的三大基本任务：提高品牌知名度、激发品牌活力，以及激励和说服受众。

CREATING SIGNATURE STORIES

第 3 章
标签故事创造品牌知名度和活力

热情是能量,是一种让你专注于喜爱的事情上的力量。

—— 奥普拉·温弗瑞(Oprah Winfrey)

红牛：惊人的壮举

红牛是一种高能量（高咖啡因）饮料，2015年全球总销售额超过60亿美元。红牛独家代言了一系列活动，有一些堪称非比寻常、令人赞叹的惊人之举，大大提高了红牛的品牌知名度和活力。例如，自1992年以来，每年红牛赞助的"鸟人"飞行大赛（Flugtag）会在全球各大城市举办。届时，参赛选手带着自制的人力"飞行器"从20～30英尺①的高台跳入水中。评选获胜者主要依据三大标准，包括距离（2013年，在达拉斯附近的赛场，获胜选手创下了258英尺的纪录）、创意（这些创意会在"玫瑰花车大游行"中大放异彩）和表演技巧。这一段段激动人心的视频成了红牛的标签故事，在YouTube上获得了超过1000万的点击量，在红牛的官方网站和其他各大网站上的点击量甚至超过了YouTube的点击量。

红牛赞助的最为盛大的一项活动是直播菲利克斯·鲍姆加特纳（Felix Baumgartner）的高空跳伞。活动当天，鲍姆加特纳乘坐氦气球上升到新墨西哥州上空距离地面约24英里②的高度，然后纵身一跃，9分钟后成功着陆，他以843英里的时速，刷新了世界纪录。据

---

① 1英尺 = 0.3048 米。
② 1英里 = 1.6093 千米。

统计，大约有800万人观看了现场直播，还有数千万人在YouTube上看了转播视频。还有一些与该项目有关的其他故事，包括活动的准备过程和花絮等也可以在网上看到。

家乐浓汤宝："一尝倾心"

家乐浓汤宝（Knorr Soup）的风味是其核心价值主张，这一价值主张是家乐品牌研究团队极力向"千禧一代"㊀推广的。[1] 为了达到推广目的，家乐浓汤宝力求激活"千禧一代"的社交网络，从而创造一个值得传播的标签故事。

家乐浓汤宝曾邀请12 000个受访者参与一项名为"一尝倾心"的调查活动。调查显示，有78%的受访者表示，他们会被与自己口味偏好相同的人吸引。另外，有1/3的受访者担心，不同的口味偏好可能会毁掉一段感情。口味偏好会影响爱情这一具有挑衅性的观点随后在一项实验中得到了验证。要求素未谋面但口味相同的两位异性相约吃饭，附带的条件是他们必须互喂对方吃，而不能自顾自地吃。实验结果是由家乐的电子口味分析仪测量的。共有7对情侣参与了实验，实验过程还被录成了视频，视频记录了情侣共度的欢乐、诙谐及甜蜜的温馨时刻，其中有一对情侣还当场热吻。此外，该实验还录了两段支持性视频，一个是活动的幕后花絮，另一个是一对情侣的随

㊀ 千禧一代（millennials），指出生于20世纪，在跨入21世纪时才达到成年年龄的一代人。——编辑注

访情况。这一系列视频在各大网络平台上获得了超过1亿次的点击量，而其他报道此次实验的媒体也获得了超过10亿次的点击量。短短几个月之内，在最火爆的11个市场，"千禧一代"的购买意愿增长了14%。

护舒宝："像个女孩一样"

30多年来，女性产品品牌护舒宝一直致力于青春期女性的教育。但是，随着新一代女性成为市场主力军，护舒宝逐渐意识到，它需要获取更多力量并找到更有效的方法来吸引数量庞大的现代女性。于是，该品牌开展了一个项目，项目的核心理念是重新定义"像个女孩一样"这一标签，从而给予在自信和自尊都处于人生低谷的青春期女性更多的力量。

项目的第一个环节是录一段3分钟的短视频，各色人等参与了视频的录制，其中包括3位年轻女性。活动发起者要求她们像个女孩一样跑，不料结果令人啼笑皆非，她们像是穿着高跟鞋在跑，担心自己的头发散乱，表现得非常笨拙，看起来缺乏运动能力。跑完之后，活动发起者给她们播放了另一段视频，看了一位10岁的小女孩是如何回应相同要求的。视频中的小女孩跑得自信昂扬、热情洋溢、动感十足。观看视频的人无不被小女孩积极的态度所打动。

此次活动给3位年轻女性的态度带来了巨大的改变。第一位女性表示，"像个女孩一样"这句话不会给女性带来力量，反而会让她们觉得软弱。第二位女性表达了她的困惑：为什么"像个女孩一样跑"不能意味着赢得比赛呢？第三位女性则要求重跑一次，并表示这一次她会跑得从容自在。在视频的结尾，护舒宝顺势发出呼吁："像个女孩一样是一件妙不可言的事"和"加入护舒宝官方网站，一起为女性的自信保驾护航"。

在美国该视频的点击量超过了6000万次，在其他地区视频的浏览量也超过了2500万次。一项调查显示，在开展该项目之前，只有19%的16～24岁女性对"像个女孩一样"这一标签持积极态度。看完视频之后，有76%的女性开始对这句话持积极态度。此外，也有不少男性观看了视频，其中有2/3的人表示，他们以后会三思而行，不把这句话当作侮辱他人的言语。

视频还催生了一系列标签故事，为后继的"像个女孩一样"运动奠定了基础。为了达成宣传效果，该品牌甚至动用了社交媒体。该项目结束之后，护舒宝还拍了一系列视频，有段视频的主角是青年橄榄球队四分卫卡莉·哈曼（Karlie Harman），后来"Twitter奇事"栏目和"超级碗"广告将原视频进行了缩减。

为什么需要标签故事

标签故事适合用来提高品牌的可见性和活力，因为标签故事能够吸引受众的注意力，让受众参与其中并为故事提供传播的理由。如果一系列事实不用故事来包装，就算它们是以生动有趣、引人注目的方式呈现，也不太可能提高品牌的可见性和活力。事实上，可见性和活力是品牌力量的强大驱动力，远远超出许多人的想象。

为什么需要可见性

可见性是一种强大的品牌资产。研究表明，人们会对熟悉的事物产生好感。一种简单的刺激，比如看见一个希腊单词、听到一段动人的旋律，或者看见一张陌生场景的照片，就足以增加人们的好感，并在人们的潜意识里产生与事物的情感联系。

但是，可见性最重要的作用是帮助品牌和特定的应用建立联系（这一点值得考虑）。相关性需要品牌知名度和可信度的支持，而可见性则对品牌知名度和可信度起着驱动作用。

品牌知名度是指当消费者在考虑购买某种产品时，脑海中会浮现出特定的品牌。可见性高的品牌很容易存留在人们的脑海中，但是随着可见性的降低，品牌被遗忘的可能性也会随之增加。

可见性还可以创造或提高品牌的可信度。人们普遍认为，如果我们经常看到一个品牌，或者比竞争品牌更频繁地看到该品牌，它就很可能被市场接纳，并能够兑现自己的承诺。那么，该品牌便自然而然地进入了消费者的考虑范围之内，因为消费者找不到不购买的理由。反之，如果一个品牌鲜为人知，那么它就很容易受到人们的质疑。事实上，可见性不仅决定了市场的接受度，有研究还支持这样一种结论：品牌的绝对可见性（无论是政治家、电影明星、产品、服务还是企业引发的可见性）能加深人们对成功及领导力的理解。事实上，大多数人只是缺乏动机和能力去收集并处理提高品牌可见性的详细信息。

为什么需要活力

一个丧失活力的品牌有三大潜在的危害。首先，由于活力是可见性的主要驱动力，因此一个没有活力的品牌很容易被人遗忘。其次，失去活力很可能会让品牌看起来平淡无奇、令人厌倦和过时，导致品牌无法成为顾客自我形象或生活方式的一部分。简单地说，品牌变成了"老古董"。最后，失去活力会间接导致感知质量、信任和尊重等主要形象要素直线下滑。令人不安的证据表明，全球各大品牌的销量都在下降。

自 1993 年以来，扬罗必凯（Y&R）的品牌资产标量（brand asset valuator，BAV）利用 75 个指标衡量了 40 多个国家的 4 万个品牌，该模型记录了各大主要形象要素下滑的具体情况。[2] 数据显示，自 20 世纪 90 年代中期起的 10～12 年，各大要素在不同程度上均有所下降，比如可信度下降了约 50%、尊敬度下降了 12%、品牌质量感知下降了 24%，更令人惊讶的是，品牌知名度也下降了 24%。评估过后，下降的势头仍在延续，[3] 只有那些富有活力的品牌才幸免于难。后者的形象并未遭到破坏，恰恰相反，它们甚至还保留了提高财务绩效的能力。事实证明，提高品牌活力确实有助于提升顾客使用率、购买偏好和股市收益。[4]

除非你的品牌是个例外，否则它也需要活力。这种活力可能来源于新产品，但前提是你的企业要拥有真正原创的、与众不同的且能为人们的生活和热情带来意义的产品。当然，活力也有可能来源于企业赞助、举办的活动、促销、广告或内外部的项目等。但不论来源是什么，活力都不能与品牌脱节。在这方面，标签故事恰好能帮上忙，像红牛高空跳伞这样引人注目的故事，或者像护舒宝的"像个女孩一样"那样引人参与的故事。这些故事都能够脱颖而出。

为什么标签故事是创造可见性和活力的一种强大而有效的方式？原因之一是，标签故事不同于通过事实呈现一个品牌或产品，而是擅长处理两个关键性任务：引起关注和对话。首先我们会应对这两大关键性任务，然后我们将着手解决一个重要的挑战：将品牌与标签故事联系起来。

标签故事引人注目

如果在一场演讲上，演讲者开场说"我接下来要讲一个故事"，你的注意力一下就会被吸引。但是，如果这位演讲者不用故事开场，而是直接罗列抽象的事实或项目，你便很难集中注意力，这是人的天性使然。但是，如果故事开头就能吸引眼球，故事的细节可以帮助受众将故事形象化或让受众感同身受，故事便能取得最好的效果。

试想一下这个故事的开场："1931年5月中旬的一天，阴雨绵绵，沉闷不堪，那天宝洁公司（P&G）旗下品牌佳美香皂（Camay Soap）

的营销经理，28岁的尼尔·麦克尔罗伊坐在他的皇家打字机前，写下了或许是现代营销史上最重要的一份备忘录。"想必这句话一定会让你竖起耳朵，勾起你的好奇心。什么备忘录？为什么这份备忘录很重要？尼尔是谁？他后来怎么样了？你会在不知不觉中被带入故事的情境，从而想要了解更多的信息。

故事会吸引受众参与其中。如果你只是一味地向员工强调团队合作的重要性，他们可能对你的话根本不感兴趣，甚至会怀疑你的领导能力。员工会觉得你说的话跟他们没有任何关系，这时候你就应该考虑给他们讲讲最佳团队的故事。故事可以是这样的：原先该团队人心涣散，后来通过团队建设和举办各种活动，团队慢慢改变了自身文化；或者，讲一个有关成功的篮球教练的故事，故事中，该教练强调团队精神的重要性，并利用这种精神打造出一支优秀的球队。总之，故事能给受众带来参与感。

一般来说，由于客户和员工对你的企业、品牌或产品等一系列功利性的细节并不感兴趣（这是人的本性使然），事实很难引发受众的关注。相反，受众会对其他话题更感兴趣，这就导致他们的注意力极其有限。由于事实难以吸引受众的注意力，很多事实不可避免地被忽略了，也就得不到妥善的处理。

特此说明，注意力有两个层次。其一是即时或短期的注意力，[5]这种注意力将忽视和注意（"看一看"）区别开来。这一层次的注意力决定了受众是否愿意参与到故事中。通常，故事的开头几句或视频的前几秒钟起着关键性作用。其二是长期的注意力，这一层次的注意力决定了受众参与故事的程度，因此这也是故事参与的层次，受众的注意力不只停留在最初的接触阶段。YouTube 上的一项研究发现，观众能否看完一段视频，关键是视频的前 15 秒能否吸引他们的注意力。注意力的两大层次虽然面临着不同的挑战，但两者相互关联。也就是说，如果一个要素刺激了受众的短期注意力，往往也能触发受众的长期注意力。

那么标签故事要具备哪些特征，才能同时激发两个层次的注意力？其实，有许多特征因素可以帮助我们达成目的，这里我们主要关注五个特征。

第一，新颖独特。你要确保故事的开头几句或视频的前几秒能够吸引受众。故事一开始就要传达出一个信号，你接下来要说的可不是一些无关紧要的琐事。故事的开头就要预示着与众不同的角色、曲折的情节甚至特别的讲述方式。此外，故事自始至终都要保持鼓动性，要令人觉得惊讶甚至震惊。

第二，产生期待。故事的前两段或视频的前 15 秒左右要让受众产生期待，期待可以从故事中获得有意义的回报，以便带来继续听下去的动力。这些奖赏可以是相关的信息、有益的娱乐活动、令人愉悦的情感体验，或是对一种观点或一种生活方式的认可等。总之，受众需要继续听下去的理由。

第三，创造不确定性和悬念。正如宝洁的麦克尔罗伊的故事，人们会好奇接下来会发生什么。故事要能激发受众的好奇心，让人们想要了解更多的内容。此外，故事也要为受众提供解决方案，并不断制造悬念，利用悬念。

第四，让受众与故事的角色和情节建立情感联系。例如，在菲利克斯·鲍姆加特纳参与红牛赞助的活动中，受众会关注菲利克斯在活动中的表现，包括他的背景故事、他在气球上升至24英里高空的整个过程中的状况、他跳伞的决定以及他能否安全着陆等。再如，护舒宝的故事中，人们的情感会被视频中的人物所牵引，视频中的人对"像个女孩一样"的解读以及对这句话的深刻理解令人动容。在家乐浓汤宝的故事中，受众对参与者一开始拘谨的状态感同身受，他们能够理解参与者刚接触"一尝倾心"的实验，难免会觉得无所适从。

第五，创造一个具有辨识度的故事类型。百威克莱兹代尔马的故事就是典型的例子，因为你预知自己将看到一个温馨感人的故事。在每个故事中，可爱的马儿都将化身英雄。而对于柏兰德的一系列故事，你知道幽默诙谐的时刻总会如期而至。

标签故事引发社会交流

如果故事能够赢得受众的关注，其他人通过社交媒体了解该故事的可能性就会大大提高，接触到故事的人群也会不断扩大，这些故事自然而然地就会流行起来。因此，传播标签故事能够提高故事获取和保持关注的能力。如果有个令人钦佩且为人公正的人分享或支持了一则故事，你就会愿意花时间听听这个故事究竟如何。因为在一般情况下，人们分享或支持故事都是拿信誉做担保的，这会促使你以积极的态度对待这个故事。

一些调查研究记录了口碑（word-of-mouth，WofM）的影响。

例如，2017年的一项研究就针对17个产品类别约3200个产品（产品主要来自英国）做了调查。结果显示，口碑营销在消费者购买的可能性方面有着重大而深远的影响。口碑营销有助于人们了解营销环境的重要性。[6]这里有两个观点值得铭记：其一，口碑营销有利于吸引和留住消费者；其二，消费者倾向于接受正面的口碑营销，以确认他们对品牌的判断正确与否，反之，消费者会抵制负面的口碑营销。对于竞争品牌来说，也就是那些与消费者喜欢的品牌相互竞争的品牌来说，负面的口碑营销的破坏力要比正面的口碑营销的影响力大。

1955年，社会学家伊莱休·卡茨（Elihu Katz）和保罗·拉扎斯菲尔德（Paul F. Lazarsfeld）合著了传播学的里程碑著作《人际影响》（*Personal Influence*），该书研究了口碑营销，并认可了口碑营销的力量。该书讨论了影响力的两步模型，并利用这个模型总结了各自的研究。两位学者发现：在理解各种观念是如何形成的这一方面，人际沟通是缺失的重要环节。[7]当然，在他们那个年代，一个人的影响力是极其有限的，影响范围不过几人到几十人不等。但是，在社交媒体时代，一个人的影响范围可以辐射到成百上千甚至成千上万的人，受到影响的人群呈指数增长。只是与当时的情况一样，我们现在面临的挑战依然是如何激活社交网络。

要想激活社交网络，首先要理解人们传播故事是出于什么动机。1966年，"动机研究之父"欧内斯特·迪希特（Ernest Dichter）在《哈佛商业评论》发表了他的经典研究，关于如何利用口碑营销说服受众。研究表明，受众参与传播与创建品牌和业务相关的信息主要受四大动机的驱动。[8]沃顿商学院市场营销学教授乔纳·伯杰（Jonah

Berger）近期也做了一项研究，研究证实了四大动机同样适用于当今的社交媒体网络。[9] 那么这四大动机究竟是什么呢？它们分别是：

- **引发参与**（根据迪希特的研究，这种情况约占33%）。一个激励人心的标签故事必须新颖独到且能愉悦身心，才会有人愿意分享这个故事。诺德斯特龙回收破损轮胎的故事就是一个典型的例子。

- **自我参与**（约占24%）。分享知识或观点是获得关注以及展现个人鉴赏力的一种有效方式。分享的过程会让受众觉得自己是先行者，显示自己拥有内幕消息，证实自己的价值判断，展现自己的优越感及创造自我表达的时刻等。例如，如果你分享了护舒宝"像个女孩一样"的故事，这就代表你与故事所要传达的信息和故事所要达成的目标存在联系。

- **他人参与**（约占20%）。该动机产生的原因是，故事传播者想要伸出援手帮助他人或表示友好，从而建立友谊。Skype的故事就为你创造了给朋友出谋划策的机会，你可以教他们如何与远房亲戚保持联系。

- **信息参与**（约占20%）。信息参与要求故事有分享的价值，这就需要故事的内容风趣幽默、令人不安、令人兴奋或引人关注。比如，听了红牛的故事，受众会忍不住惊叹："这简直让人难以置信！"

当标签故事由于具备多种特征，比如发人深省、新颖独特、信息丰富、鼓舞人心、高度相关、幽默风趣或令人敬畏,而脱颖而出时,它很可能会引发一种或多种动机。动机一旦形成,故事便能够在社交媒体或其他平台上被反复讲述。与此相反,事实则必须获得更高层次的关注以及引发更大的兴趣才能刺激社会活动。例如,当你和别人介绍柏兰德搅拌机的时候,你不能大谈特谈搅拌机的规格。

要想有效地激活社交网络,企业必须拥有各种专业工具并掌握多种方法。没有这些工具和方法,标签故事再好也很难发挥它的潜力。有效的工具包括拟定合适的标题,使用关键词以最大化检索的潜力,在各种社交媒体上推广故事,以及激励员工和亲朋好友创建社交网络等。

挑战:将品牌和标签故事联系起来

就算标签故事精彩绝伦,也不能与品牌脱离联系。但是,目前有一个令人担忧的现象,就是标签故事往往深入人心,而品牌却无人知晓。怎样才能将标签故事和品牌联系起来呢?其实,方法并不少:

- **让品牌成为故事的主角**。让品牌成为主角(里昂·比恩、Skype和柏兰德就是这么做的),可以帮助我们建立故事和品牌之间的联系。如果企业将品牌作为主角,那么受众在想起标签故事的同时,也就想起了故事所代表的品牌。

- **将品牌的代替品作为主角**。一些标签故事将与品牌高度相关的事物作为故事的主角。例如，在百威克莱兹代尔马的故事中，马就是这样一个为人称道的品牌象征。

- **讲述可以给客户带来激情的故事**。即使故事内容与品牌联系不那么紧密，品牌与客户群之间共享的价值仍能形成一个间接的纽带，或者至少能够让故事与品牌之间的联系看起来不那么违和。例如，护舒宝的成年女性顾客可能不会再面临青春期女孩那种自我身份认同的问题，但毋庸置疑，这些成年女性依然能对女孩们陷入的困境感同身受。同理，莫尔森品牌表现出来的对冰球运动的热爱也是可以与顾客同乐共享的。

- **附带品牌名称的支持项目**。事实上，支持项目也能创建内部连接。我们可以回想一下雅芳（Avon）赞助的"抗击乳癌大步走"活动。有些个人故事讲述了与病魔抗争的经历，这对患者来说有着特殊的意义，对患者的亲朋好友来说更是如此，故事会给他们带来极大的慰藉。还有帮宝适（Pampers）的网站，对许多新生父母来说，该网站是获取婴儿护理信息和幼儿故事的最佳选择。在以上两个案例中，品牌都是项目标签和相关故事的重要组成部分。

- **强调品牌是故事的赞助者**。以护舒宝的故事为例，如果受众能够全情投入到故事的情节中，直截了当地把品牌名称添加到标签故事中或许会有奇效。

- **毗邻沟通**。我们不妨回想一下第 2 章嘉信理财和 CNN 的合作，在这个案例中，嘉信理财的广告与"给我的人生带来改变的人"

的一系列故事一起公布，两者的合作为嘉信理财帮助客户自主投资开拓了一个渠道。

在接下来的第 4 章和第 5 章，我们将探讨标签故事的另外两大任务，说服并激励员工和顾客。

CREATING SIGNATURE STORIES

第 4 章
利用标签故事说服受众

真理赤身露体、面若寒霜,已经被村子里的每一户人家拒之门外。不仅如此,赤条条的事实还吓坏了每一位遇到她的人。当寓言找到真理时,她正蜷缩在一个角落里,忍饥挨饿、瑟瑟发抖。寓言见她如此光景,就动了慈心,帮助她重新振作了起来,并带她回家。回到家后,寓言拿出故事的外衣给事实披上,这令真理备感温暖。随后寓言便将真理送出家门。披着故事外衣的真理又叩响了陌生人的大门,这次人们欣然接待了她,请她到家里做客。人们还邀请她共进晚餐,请她在炉火旁取暖。

——犹太教学故事

当我坐在钢琴前,他们放声大笑

如果要列出20世纪最热门的平面广告,1926年约翰·卡普尔斯(John Caples)设计的广告一定在讨论之列。那时,卡普尔斯年少有为,是个刚入职一年的广告撰稿人,他设计的一则广告令他一夜成名。广告之所以广为人知,主要原因在于广告有着与众不同的标题:当我坐在钢琴前,他们放声大笑,但当我开始弹奏时……

作为一个广告撰稿人,卡普尔斯的任务是吸引顾客购买由美国音乐学院函授的音乐课程。于是卡普尔斯设计了一则广告,广告内容是一张照片,照片的场景是一场派对,一位年轻的男子正在弹钢琴。照片的标题奠定了故事的基调,广告的正文部分则详细叙述了故事的主要内容。故事的男主角在钢琴前刚一落座,客人们哄堂大笑,但当他开始演奏时,嘲笑声变成了赞美声和掌声。

这个标签故事传达了情感、自我表达及社会利益。首先,故事表达了演奏者的情感,他擅长在高压的环境下表演;其次,故事也表达了故事倾听者的情感,为演奏者的成功感到自豪;再次,故事带来了自我表达的利益,故事肯定了演奏者坚持不懈的态度、演奏者的天赋、才能以及他敢于面对质疑的勇气;最后,故事还带来了社会利益,这位年轻人后来成为被人接纳、令人羡慕的精英之一。

相反,一系列与学院相关的事实不可能产生如此巨大的影响。事实无法传达演奏者内心的自豪，也无法说明他是如何变得富有魅力的。如果把这些主观感受当成客观因素罗列出来，受众一定会忽略、怀疑甚至嘲笑这种空谈。但是，故事就完全不一样了，我们一般不会去嘲笑一则故事，因为故事说到底只是故事。

说服的任务

我们知道，罗列事实既方便又高效，既然如此，为什么还要使用标签故事呢？原因是故事更具说服力。相较而言，故事更容易让人产生联想、坚定信念、创造好感，进而影响受众的行为和意图。

一般来说，创造或增强联想和信念是说服的核心任务，因为联想和信念决定了客户的选择及客户与品牌的关系。联想涵盖了多个层面，不仅包括产品的属性和益处，还包括品牌个性、组织价值观、客户概况、适用场合、自我表达、社会福利以及符号和标签故事等。

联想是品牌定位的基础，主要用来解决关键的战略问题。首先我们要思考以下的问题：哪些联想会让客户产生共鸣，会与竞争对手形成差异化，并能够通过品牌进行传播？哪些联想可以帮助我们推动成功的价值主张和创新战略？又有哪些联想需要我们创建、改变或增强，以便支持当前和未来的产品？

联想不仅影响客户对品牌和品牌关系的决策，还影响客户与品牌互动的方式，以及客户获取和处理与品牌相关信息的方式。一系列品牌联想可以增强、削弱、更改或过滤信息。当一个故事创造了有效的联想时，受众处理附加信息的方式也会随之改变。这样，关于产品或企业的负面信息就会被受众忽视或怀疑。另外，相较于没有故事做铺垫的正面信息，有故事做铺垫的品牌或新产品的正面消息将更受欢迎。我们不妨回想一下第3章的口碑研究，该研究表明，接受调查的品牌用户与其他用户相比，他们对负面口碑的抵抗力更强，对正面口碑的接受度也更高。

说服的过程可以影响受众对一个品牌的喜好及受众对待该品牌的方式。喜好是建立在客户与品牌的情感联系或客户认为"这是对的品牌"的本能感知上，而不是建立在客户的客观信念上。从行为学的角度看，如果受众被说服了，他们会积极采取行动，包括向他人推荐该品牌，访问该品牌的网站，积极搜索相关的信息，以及购买或再购买该品牌的产品或服务等。归根结底，客户的行为决定了品牌在市场上的前景。

故事比事实更具说服力

自古以来，故事便具有强大的说服力。例如，伊索寓言或宗教著作中用以说明观点的寓言就是最好的证明。再如，《汤姆叔叔的小屋》（*Uncle Tom's Cabin*）是19世纪最畅销的小说，小说给当时的社会带来了巨大的影响。有学者认为，小说里的故事点燃了美国北方废奴主义者的反抗热情，并遏制了英国企图与美国南方军队联盟的想法，这在一定程度上影响了美国南北战争的结局。[1] 由此可见，如果故事能够引起受众共鸣，那么它就具有无穷的力量。

还有一种选择，就是列出可以引导逻辑思维的事实，再积极评价所讨论的观点。正如本书第1章所指出的，该模式颇受营销人员的欢迎，尤其是对那些高科技领域或B2B领域的营销人员来说更是如此。因为，营销人员认为，受众有足够的动机处理相关信息，关注功能性利益，并做出理性决策。但是，为什么就算讲述者清晰地陈述了足以令人信服的事实，受众还是无动于衷呢？

事实证明，普通受众不会主动花时间和精力去处理和分析信息。即使存在这样的动机，他们也缺乏可靠的信息、充足的记忆容量及卓越的计算能力来加工故事。甚至，受众缺乏足够的知识来获取与产品有关的信息，更不用说利用这些信息来做出最佳决策了。[2]

另外，许多人并不具备理性决策的能力。行为经济学的先驱丹尼尔·卡尼曼（Daniel Kahneman）及其他学者已经证实了大众缺乏理性。例如，有研究表明，人们在做有关保险的决策时，会高估潜在的风险和低概率事件。又如，如果在两种期权中加入第三种价格更高的期权，那么选择前两种期权中价格较高期权的比例将会大幅上升，虽然没什么人会选择第三种期权。没有合适的理由可以解释人们为什么会做出这种选择。此外，研究人员已经证实，这种情况也适用于其他许多场合。

退一步说，就算存在动机明确且富有理性的人，枯燥乏味的事实也很难让他们记住。在第1章，如果仅用事实说明"慈善之水"提供洁净饮用水的项目，结果会怎样？受众会去关注一连串的统计数据吗？他们记住的又有多少？超过6亿人无法享用洁净的饮用水？超过400亿小时要浪费在取水的路上？因饮用受污染的水而死亡的人比因各种暴力而死亡的人要多得多？的确，这些数据不无戏剧性，但却不太可能被人记住。

标签故事则截然不同，比如"慈善之水"的故事，讲述了年仅15岁的娜塔莉亚当上了村庄水务委员会的主席，这个故事就很容易铭刻在人们的心中。该故事借助专业纸媒和视频传播，传播过程保留了故事丰富的细节、人物的发展、悬念、惊喜和情感等诸多要素。因此，故事一经播出就得到了广泛的关注，并带来了积极的影响。此外，正如第1章所指出的，标签故事还能让事实看起来更具相关性和趣味性，从而为受众处理事实提供动力。

"慈善之水"的两种宣传方式，你更倾向于哪一种？是简单地罗列事实，还是利用标签故事引出事实？哪一种会促使你心甘情愿地捐款，并成为"慈善之水"的坚定支持者和倡导者？

故事影响品牌联想

我们回顾一下之前讨论过的标签故事，思考这些故事是如何通过创造、改变或增强品牌联想来帮助品牌定位，表4-1列出了标签故事相关的联想。

表4-1　标签故事影响品牌联想

标签故事	创造或增强联想
慈善之水	• 洁净的饮用水改善农村的面貌 • 洁净的饮用水改变人们的生活 • 娜塔莉亚的故事

（续）

标签故事	创造或增强联想
莫尔森	• 对冰球的热爱 • "云中冰场"的故事
诺德斯特龙	• 授权给员工 • 退款承诺 • "回收轮胎"的故事
特斯拉	• 同类最佳 • 可持续发展的使命——改变世界
丰田普锐斯	• 经济型引擎——低油耗 • 保护环境的承诺
巴宝莉	• 巴宝莉风尚 • 艺术的趋势——穿巴宝莉能展现个人魅力
IBM 沃森健康	• IBM 沃森的灵活性和影响力 • IBM 沃森给医疗保健公司授权
哥伦比亚电影公司	• 企业中各管理部门协同 • 企业完成了看似不可能完成的任务 • "阿拉伯的劳伦斯"的故事
Skype	• 技术创新沟通你我 • 萨拉和佩奇的情感故事
柏兰德	• 柏兰德产品的力量 • 汤姆·迪克森的个性 • iPod 实验
家乐	• 爱情中的口味相容性 • 品牌天马行空的创意本质 • "一尝倾心"的实验
红牛	• 极限挑战和极限项目 • 菲利克斯·鲍姆加特纳高空热气球跳伞的故事
护舒宝	• "像个女孩一样"的形象标志 • 女性看待自己的正确方式 • 一个帮助青春期女孩心智走向成熟的品牌

以上各种联想都可以定位品牌，从而表现出对顾客的亲和力、与其他品牌的差异性，以及对企业的战略指导。在大多数情况下，即使有些主张是以事实为依据，标签故事仍然会比这些主张更有效地实现品牌定位。

一个定位明确的标签故事可以展现品牌的多个维度，并将它们紧密联系在一起。正如里昂·比恩创造缅因州狩猎靴的故事，故事不仅展示了企业的创新文化，还展示了企业对户外运动的热情及给客户的承诺。此外，里昂·比恩还通过标签故事为受众了解里昂·比恩品牌提供了多种途径，方便客户进一步了解整个户外服装的类别。当然，你也可以阐述企业的价值观。但是，当你需要处理信息或考虑购买产品时，你仍需借助故事的力量，因为故事会凸显这些价值观。

故事创造喜好

Skype、家乐、莫尔森等许多标签故事都说明，受众要是喜欢一个故事，也会喜欢故事里的各种元素，特别是故事所代表的品牌。这是有心理依据的，心理学家将这个过程称为"情感迁移"（affect transfer）或"喜好迁移"（liking transfer），即将对某个对象的喜好转移到与之相关联的另一个对象上。在一些特定的场合，这个过程又被称为"说服的边缘路径"⊖，它不是基于信念驱动的逻辑，而是基于交流的其他方面，比如个人喜好等。

一系列经典研究表明，情感迁移也广泛应用于广告，[3]喜欢一个广告也会附带喜欢广告所代表的品牌。也就是说，受情感迁移的影响，受众不只对广告的内容产生喜好之情。研究结果证明，情感迁移是广告的重要组成部分，会对广告产生积极的影响。标签故事到品牌的情

⊖ 说服的边缘路径（peripheral route to persuasion），指人们不经过深思熟虑，仅仅依据那些简单的、往往不太相关的线索而对观点做出正确、错误或有吸引力的反应。——译者注

感迁移比广告到品牌的情感迁移的效果要更为显著。因为一般来说，受众对标签故事的喜好程度更深、情感更强。

还有一些研究也证实了对故事的喜好能带来其他积极的影响。研究表明，人们要是喜欢某个电视节目，也会在一定程度上对其中插播的广告产生兴趣，进而对广告所代表的品牌产生好感。[4] 而且，电视节目不外乎讲故事，因此这项研究证实了对故事的喜好会影响对品牌的喜好。

故事影响行为

许多研究都支持这一观点：以故事的形式呈现事实比以数据的形式呈现事实更能改变受众的意图和行为。实际上，所有研究都控制了研究的内容，例如，有研究对比了组成故事和组成事实的一连串句子，比较两者对受众的影响，再得出两者究竟孰优孰劣的结论。[5]

沃顿商学院市场营销学教授德伯拉·斯莫（Deborah Small）和他的两个同事曾经做了一项经典的关于慈善捐赠的调研。调研对象被分成两组，组织者告知其中一组某个地区资源短缺，并且强调了这一事实的真实性；另一组则被告知特定受灾人物的故事，故事的主人公急需物资援助。[6] 每个受访者都分到 5 美元参与实验，在对事实和故事有所了解之后，他们可以自行决定将部分现金捐给慈善机构，以资助受灾地区。是事实更具吸引力，还是故事更具吸引力？哪一种方式会得到更多的捐款？这里有个事例，可以给出问题的答案。

事实：

> 马拉维粮食短缺，300多万名儿童不得不忍饥挨饿。2000年以来，赞比亚降雨严重不足，导致玉米产量下降42%。据统计，约300万赞比亚人受到饥荒的影响，约400万安哥拉人（约占总人口的1/3）背井离乡。在埃塞俄比亚，1100多万人急需粮食援助。

故事：

> 在非洲马里，有个7岁的小女孩叫罗卡娅，她天天忍饥挨饿，可能很快就撑不下去了。我们需要您的帮助，您的所有捐款都将直接送到罗卡娅手中，您的慷慨相助将改变她的一生。在您和其他关心罗卡娅的捐助者的支持下，慈善机构"拯救儿童基金会"（Save the Children）将与罗卡娅的家人及社区的其他人员取得联系，为她提供食物，供她上学，并为她提供基本的医疗保障。

从逻辑上分析，罗列事实的方式本应更具说服力，但是实验结果正好相反，事实组平均捐了1.14美元，而故事组平均捐了2.38美元，是前者的两倍多。

其他研究也支持以上的调查结果。例如，"意义深远的物件"（Significant Objects）研究证实了"故事化"产品的巨大价值。收藏家约舒亚·格林（Joshua Glenn）发现，如果为那些从跳蚤市场和旧货店淘来的便宜物件，比如雪花玻璃球、纽扣和神秘小雕像，写一些小故事，那么这些物品可以在 eBay 上以高于原价 50～100 倍的价格售出。[7]

此外，一项一般性研究还发现，如果故事引人注目、细节详尽、情感浓烈、意象丰富并且可以在时间和空间上与受众产生联系，那么故事的影响力就会更大。

故事如何说服受众

故事能取得成效的主要原因是，故事能吸引受众参与其中。受众超脱了现实，沉浸在故事或叙事之中，心理学家将这个过程称为叙事传输㊀。但是，叙事传输受两大因素的驱动，其一，受众必须具备共情能力，能够体会故事人物的喜怒哀乐。其二，受众具备形成视觉表象㊁的能力：受众可以为故事情节塑造一个生动的形象（没有图片也无妨），让自己暂时脱离现实，从而进入想象空间，亲身体验故事的情节。

㊀ 叙事传输（narrative transportation）指的是人们通过阅读、电影、故事、图片等载体沉浸在故事的想象情景中，产生对叙事故事中角色或场景的认同、正向情感的反应、现实世界的脱离等心理反应的过程。——译者注

㊁ 表象（image）是事物不在面前时，人们在头脑中出现的关于事物的形象。与视觉有关的表象便是视觉表象。——译者注

研究表明，叙事传输的过程也是说服的过程。2000～2013年，共有76篇文章记录了132项研究。对这些研究进行回顾后发现，就统计数据而言，提高叙事传输能力能够深刻影响故事的一致性联想/信念、喜好/态度、行为/意图，并减少受众的批判性思维。[8]此外，故事越真实，影响就越大。[9]

为什么故事能够说服受众？有以下几种可能性：

第一，受众可以自行推断故事的内在逻辑。研究和常识告诉我们，就学习而言，自我发现（self-discovery）的效果要比别人的言传身教好得多。[10]假如第2章柏兰德不是讲故事，而是一再声称其搅拌机功能强大、经久耐用。就算有真实可信的数据支持，这种方式会取得良好的效果吗？可想而知，效果肯定远不如受众亲自参与"它能被搅碎吗"实验。说白了，讲故事与计算1+1=2没什么两样，区别就在于故事不仅仅是为了得出计算结果。

第二，故事通过抑制反驳的意见来达成说服的目的。故事可以转移受众的注意力，进而消除他们的疑虑。研究证实，故事能够打消受众反驳的意图，进而去除他们想要反驳事实的想法。[11]而且，由于受众不会反驳或排斥故事所要传达的信息，所以故事能发挥良好的作用。如果受众有强大的先入之见（prior belief）及强烈的反驳意愿，故事的效果尤为显著；反之，如果没有故事做铺垫，即便事实拥有强大的说服力，也很难扭转受众根深蒂固的观念。[12]利昂·费斯汀格（Leon Festinger）和他的同事曾以邪教为研究对象做过经典的研究。研究发现，即使世界末日大洪水的预言并未成真，邪教徒也不会放弃他们的信仰，反而越发坚持自己的想法。[13]同理，事实的作用也不过如此。

受众的反驳意见有两方面的破坏性，因此我们要转移受众的注意力，让他们不会产生反驳的想法，这是能够双赢的解决办法。反驳不仅会削弱原论点的力度，还会破坏论据的可信度及支持论点的发言人的可信度。此外，反驳还会削弱使用同一来源的未来声明。举个例子，如果一个零售商演示了商店体验中容易遭受反驳的事实，那么将来任何跟这项体验相关的活动都可能受到怀疑。因为反驳的模式一旦形成，便会重复出现。

第三，标签故事引发的情感反应会影响受众对品牌的喜好及对待品牌的方式。广告、消费者行为和心理学的诸多理论和研究都支持这一观点：在促使消费者做出决定这方面，情感往往比事实更为重要。一项与神经影像（neuro-imagery）相关的研究表明，在评价品牌时，消费者主要依据情感，而非信息。由此可见，讲故事是最适合创造和增强情感的方式。

第四，一般来说，讲故事的人比企图用事实说服别人的人更真实、更可信，也更讨人喜欢。正如在柏兰德的案例中，汤姆·迪克森之所以深得人心，就是因为他用了讲故事的方式。

第五，相较于事实，故事更易于被记住。如果受众在记忆事实的时候还能听听故事，他们就会变得更专注、更投入，事实也就更容易存留在人们的心中。此外，故事的脉络还能帮助受众组织信息，方便人们回想起故事的内容。综上所述，故事不需要劳心劳力刻意去记，这也是故事与事实的一大区别。

心理学和其他领域的诸多研究证实，记忆故事要比记忆事实容易得多。并且，故事越有趣，情感越丰富，受众越容易记住。以下几个案例支持了这一观点：

- 斯坦福大学教授奇普·希思（Chip Heath）做过一项实验，他为学生提供了美国的犯罪统计数据，并要求每位学生与另外8名同学开始一分钟的讨论，讨论的主题关于犯罪是不是一个大问题。学生要先填一张表，之后教授要求他们记录其他发言人的观点。其中有10%的学生将各种观点汇编成了故事，而其余的学生只是简单地罗列了数据。实验结果显示，63%的学生能够回想起故事的内容，只有5%的学生能够回忆起数据。[14]

- 心理学家亚瑟·格雷泽（Arthur Graesser）和他的同事做了一项实验，他们按3个标准给小品文划分等级，这3个标准分别是：熟悉度、有趣程度和叙事力度。实验结果表明，就叙事力度而言，实验对象只需花一半的时间阅读那些叙事力度强的文章，就能取得事半功倍的效果，而其他两项标准则对实验结果没有多大的影响。[15]

- 加利福尼亚大学尔湾分校（UCI）的研究人员做了一项实验，他们给实验对象演示了一套相互配对的故事。每一组配对的故事中，其中一则故事在叙述方式上都与对应的故事存在细微的差别。这一系列故事能够使受众产生更大的情绪波动，结果表明，这种较强的情绪波动可以刺激受众的长期记忆。[16]

- 许多研究证实，如果一个故事增强了情感强度，那么受众记忆故事内容和情节的能力也会随之提高。受众可以参与到故事之中，与故事中的角色产生共鸣，从而创造及增强情感联系。[17]

构建一个子类别

标签故事更大的说服目标是定义或构建一个子类别。当一个或多个品牌联想成为客户群（能够创造价值的客户群）不可或缺的一部分时，一个子类别便应运而生。子类别产生之后，品牌成为代表子类别的典范。但是，唯一与子类别相关的品牌是那些在子类市场有知名度和信誉的品牌。子类别的确立能够帮助我们赢得市场，并将我们的注意力从赢得品牌竞争的偏好转向子类别竞争的品牌关联性。

但是，要如何将新的或现有的品牌联想提升到不可或缺的高度，进而改变人们的购买意向呢？虽然这项任务异常艰巨，但是标签故事足以胜任这项使命。标签故事可以渗入子类别信息并与信息产生共鸣来应对这项挑战。事实上，本书列举的许多标签故事都是通过提升品牌联想来创建新的子类别。例如，我们有可能获得视觉联系（Skype）、超乎想象的能量（红牛）、超强的搅碎能力（柏兰德）、帮助改善气候的电力选择（特斯拉）以及完成钢琴课程的社会利益（美国音乐学院）等。每个案例中都至少有一个标签故事可以帮助由子类别定义的联想更具可见性和可信度。

卡夫（Kraft）旗下品牌迪吉奥诺（DiGiorno）也是一个经典案例。1995年，该品牌推出一款冷冻比萨，这款比萨的饼皮是新鲜冷冻的，未发酵也未烤过。这一创新工艺不仅帮助卡夫将迪吉奥诺定位为质量与外卖比萨不相上下甚至更好的比萨，还为消费者提供了更多的便利，甚至价格是其他比萨的一半。卡夫还构建了一个新的子类别，就是兼具冷冻比萨的便利性和价值的高质量比萨，帮助迪吉奥诺一举成为行业典范。

迪吉奥诺的组织框架是由一系列标签故事搭建而成的。一个长期的宣传活动将这些故事公之于众，活动的口号是："这不是外卖，是迪吉奥诺。"事实上，标签故事与迪吉奥诺改善比萨饼皮这一举动有着密不可分的关系。有一则标签故事是这样的：一位应聘者要应聘成为迪吉奥诺的快递员，却发现迪吉奥诺不招快递员。还有一则故事讲述了四位好友边吃迪吉奥诺比萨边看足球比赛，他们对比了迪吉奥诺比萨与外卖比萨后发现，迪吉奥诺比萨的饼皮美味新鲜，而外卖比萨的饼皮总是皱巴巴、湿漉漉的。还有一则故事是关于一对夫妇的，他们享用完迪吉奥诺比萨后惊喜地发现，他们不用给外卖员小费。20 多年来，迪吉奥诺打造的标签故事不胜枚举，都是为了说明人们无须多费心思，只需用较低的成本就能享用高质量的比萨。

当然，如果成功不过昙花一现，或者竞争对手打造出了质量更好的产品来相互抗衡，那么成功的价值就不高。因此，模范品牌需要利用一些方法给竞争者制造障碍。例如，特斯拉通过不断创新，提高了"不可或缺"的标准；丰田普锐斯通过传播各项定义维度，取得了专有优势；Skype 想方设法给客户群灌输忠诚的理念，等等。总之，不论是现有的还是新的标签故事，它们都能在制造障碍这方面发挥作用。

挑战：保持标签故事的活力

一则故事我们一般听过一遍，就不想再听第二遍了（除非故事非常有趣），这就导致许多优秀的标签故事面临着消失的风险。该如何预防这种风险呢？一种策略是寻找"触发器"，也就是找到那些与故事和品牌相关的其他概念或对象，以便起到强有力的提醒作用。[18] 有效的触发器包括符号和事件两大类型。

就符号而言，第 2 章指出，克莱兹代尔马是百威品牌的强大符号，也是自 1996 年以来"超级碗"广告的重要组成部分。克莱兹代尔马之所以能成为百威的符号，是因为标签故事强化了与这些马有关的温暖的关系、忠诚和无可挑剔的标准。当受众看到克莱兹代尔马时，即使他们想不起故事的细节，也会立刻想起百威品牌，毕竟克莱兹代尔马就象征着百威。保持克莱兹代尔马的可见性有助于故事的传承。每年的"玫瑰花车大游行"，3 支分别由 10 匹克莱兹代尔马组成的车队就会踏上大游行之旅，已参加数次（克莱兹代尔马在该大游行上亮相已经有半个多世纪的历史了）。

符号还可以帮助企业员工回想起标签故事。以里昂·比恩为例，在缅因州自由港（Freeport）里昂·比恩旗舰店前竖立着一座原版里昂·比恩靴子的雕像。此外，印有巨大靴子图案的车辆穿梭于美国的各州。而对于惠普公司来说，现今依旧保存良好的"惠普车库"（HP Garage）生动地象征了品牌的标签故事，也就是比尔·休利特（Bill Hewlett）和戴维·帕卡德（Dave Packard）通过生产开业工程师需要的产品来创建公司。当你看到车库或车库图案时，你很难不想到惠普的故事以及惠普以客户为驱动力的创新模式。

就事件而言，事件可以庆祝标签故事和品牌的诞生，并将它们与现今的客户联系起来。2014年，苹果举办了Mac㊀30周年庆，会上苹果庆祝了首创的麦金塔电脑（Macintosh）的故事，还回顾了1984年推出的Mac著名广告的子故事。苹果制作了一部短片作为庆祝活动的一部分，该短片由来自全球各地的15名船员在一天之内全程用苹果手机拍摄而成。短片是为了说明人们在日常生活中如何利用Mac、苹果手机和苹果平板电脑来完成令人难以置信的壮举。这次纪念活动帮助人们回忆起了有关Mac传统的标签故事，并且这些故事还实现了与苹果的现代产品和价值观的联结。

事件还可以作为企业内部的触发器，帮助员工回忆起标签故事。也许，里昂·比恩可以制造一个原版靴子的复制品，奖励给最能体现里昂·比恩创新精神的员工；或者，诺德斯特龙可以画两个破损轮胎的画像，奖励给为客户提供卓越服务的员工。

第5章，我们将讨论企业可能面临的最大机遇和挑战：利用标签故事激励顾客和员工。

㊀ Mac是苹果公司自1984年起以"Macintosh"开始开发的个人计算机，如iMac、Mac mini、Macbook Air、Macbook Pro、Macbook、Mac Pro等计算机，使用独立的Mac OS系统。最新的Mac OS系列基于NeXT系统开发，不支持兼容，是一套完备而独立的操作系统。——译者注

CREATING SIGNATURE STORIES

第 5 章
利用具有更高目标的标签故事激励受众

一天清晨，伦敦圣保罗大教堂的建筑师克里斯托弗·雷恩爵士来到建筑工地，问三个正在做工的工人在干什么。三个人给出了三个答案，第一个答道："我在凿这块石头。"第二个回答说："我在挣钱，我一天可以挣三先令六便士⊖。"第三个手里仍握着锤子和凿子，他直起身子，挺起胸膛，自豪地回答："我在帮助克里斯托弗·雷恩爵士建造一座伟大的教堂。"

⊖ 圣保罗大教堂始建于 604 年，根据美国 1970 年之前的币制，1 英镑 =20 先令 = 240 便士。——译者注

卫宝:"帮助孩子长到5岁"

1894年,联合利华(Unilever)推出了旗下的英国品牌——除菌香皂卫宝(Lifebuoy)。如今,卫宝已经发展成为世界知名品牌,承担着拯救生命的使命,该品牌在印度、印度尼西亚等国家推出了"帮助孩子长到5岁"(Help a child Reach 5)的项目,鼓励孩子养成勤洗手的好习惯。该项目的背景是,由于受腹泻和肺炎等疾病的影响,每年全球有200万孩子活不过5岁。但是,如果养成了良好的洗手习惯,幼儿的死亡率则会大大降低。

"帮助孩子长到5岁"的项目推出时充满了创造性和活力。在课堂上,孩子们收到了许多适合儿童使用的礼物,比如漫画、歌曲、游戏以及其他奖励,帮助他们养成洗手的习惯。在印度的一个节日,烤饼师傅在250多万片烤饼上印上"今天你用卫宝洗手了吗?"的字样,提醒人们每天都不要忘记洗手。卫宝还为印度儿童制作了数十个视频,讲述与孩子、父母、老师、学校以及各种活动相关的故事。triplepundit.com的观察员利昂·凯耶(Leon Kaye)表示,从活动参与人数来看,卫宝推出的这个项目是迄今全球规模最大的企业社会责任项目。[1]

卫宝还举办了一项关键活动,决定在印度一个名为Thesgora的村庄启动演示项目。卫宝的这项活动将该村的腹泻发生率从36%降到了

5%。为此，卫宝制作了一个时长3分钟的短视频形式的标签故事。故事中，一位父亲倒立穿过田野、泥潭和通往附近寺庙的阶梯，只为寻求上帝的祝福。一路上，我们看到村民尾随其后，奏乐庆贺。这位父亲为什么要倒立行走这么长的一段路呢？我们很快了解到，用尽一切办法表达感激之情是当地的习俗——尽管还没有一件事需要付出这么大代价。原来，他的儿子平安长到了5岁，他理当感谢上苍。

第二个视频让我们认识了一棵树的"守护神"尤塔里（Vtari）。尤塔里悉心照料着这棵树，为它浇水，绕着它跳舞，把水牛从树旁赶走，给树系上丝带。别人奔波忙碌时，她却日夜守着这棵树。尤塔里为什么要每天守着这棵树呢？视频给了我们答案。视频中，她的丈夫提醒她，明天是个重要的日子，因为隔天就是儿子的5岁生日了。后来我们得知，该村有一个习俗，每当有一个孩子出生，父母就会在一棵树上做标记。并且，随着孩子年岁的增长，父母会跟踪这个标记。5年时间转瞬即逝，很多父母痛失所爱，只留下一棵树。尤塔里则是个幸运儿，她的孩子健康长到了5岁。因此，她守护着这棵树，其实就是在表达她的感激之情。

第三个视频讲述了夏基（Chamki）的故事。夏基还没出世之前，大家都说7年后她一定会是个美丽、快乐的女孩儿。夏基果然健康成长，她感谢母亲为她做的每一件事，比如给她讲睡前故事，告诉她要勤洗手才能身体健康等。这个故事为我们看待母亲和孩子之间的亲密关系提供了新的视角。

3个视频共获得了超过4400万的点击量，帮助卫宝实现了到2020年改变10亿人洗手习惯的目标，该目标有望每年拯救60万儿童免于夭折。而且，这些视频获得了受众的尊重、喜爱并让受众产生了共同的价值观，从而也使得卫宝的品牌得到了提升。视频之所以影响深远，部分原因是：

- 具有吸引力的内容。一开始受众会对其中的角色表达感激的方式心存好奇，但随着故事背后的缘由水落石出，受众的情感会得到满足。此外，专业的生产品质进一步提升了故事的影响力。
- 演示了一个鼓舞人心的项目，可以用来解决全球性问题。卫宝制作了各种视频，但无一例外，每一段视频的最后都提到有数百万的孩子活不到 5 岁，并对项目进行了概括性声明。
- 与卫宝及其鼓励洗手的项目直接挂钩。卫宝的赞助涵盖了"帮助孩子长到 5 岁"的各个方面，包括视频和项目等。卫宝制造除菌香皂的传统，则进一步强化了品牌所要传达的信息。
- 得到知名人士的支持。印度电影明星卡卓尔（Kajol）通过接受采访及参与视频制作，表达了对该项目的支持。她还鼓励人们把视频传给其他人观看。

更高目标和标签故事

更高目标指的是什么？更高目标是指不只是为了提高销售和获得利润而售卖产品或提供服务。更高目标替员工和客户回答了"为什么"

的问题。卫宝不仅致力于制造和分销便利的卫生用品，还不遗余力地宣传健康的卫生习惯，让10多亿人养成洗手的习惯。不仅如此，卫宝还生动地讲述了一对父母由于不用经历失孤之痛而欢欣鼓舞的故事。

许多企业，可以说是大多数企业，都明确表示，它们正尝试制定或提升更高的目标。对于一些企业来说，更高目标就是为产品和应用提出一个富有挑战的目标，以便激励员工和客户。例如，史蒂夫·乔布斯创造"独一无二"的产品的名言以及他充满激情的传奇故事就代表了苹果的目标，并且这一目标代代相传。嘉信理财的目标是吸引客户积极参与组织管理，以便投资者可以自主决定投资组合策略。

对于大多数企业，一个振奋人心的更高目标必须包含至少一个社会或环境目标，有时一个产品驱动的更高目标也是社会或环境驱动的更高目标。例如，特斯拉的目标是制造节约能源和改善气候的电动汽车。但是，在大多数情况下，除了产品驱动的目标，企业至少还要有一个社会或环境目标。例如，沃尔玛就制定了一个产品驱动的目标，这一目标反映在其宣传口号"省钱让生活更美好"（save money, live better）以及一系列社会或环境目标上。

更高目标的两大挑战

实质性内容不足以支撑更高目标，因此你还必须克服两大沟通方面的挑战：一是更高目标要在企业内部获得可信度和透明度，因为员工可能并不清楚更高目标背后的缘由；二是更高目标也必须在企业外部获得可信度，因为许多客户和相关者倾向于把项目和沟通视为企业谋取私利的一种方式，并没有实质性意义。

具有更高目标的标签故事恰好能应对这两大挑战，因为标签故事通常可以激励员工和客户，从而产生更深刻、更强烈的影响。如果具有更高目标的标签故事足以振奋人心，这些故事往往会比一般的标签故事更真实、更有趣，也更吸引人。受众深入了解了故事背景之后，便会对故事的人物产生同理心，进而关注到故事本身所讨论的那些富有价值的问题，并产生一系列情感反应。简单来说，更高目标的标签故事是能够刺激类固醇的故事——以故事背景为引爆点，引出大量的信息。

如果具有更高目标的标签故事是以企业的项目和目标为根基并直接触及人们的生活，故事就能大大提升受众的参与度，激励他们奉献时间、捐款、讨论故事或在社交媒体上传播故事。即便不能广泛传播，故事仍会得到受众无声的支持。并且，时机一旦成熟，这些无声的支持者就会积极发声，帮助宣传故事，因为具有更高目标的标签故事几乎不会引起受众的反感。

如果企业借助事实而不是具有更高目标的标签故事来应对沟通的挑战，会怎么样呢？比如，如果企业只是简单地宣称"我们的品牌支持学校的科学教育，并且非常注重环保"，然后含蓄地请受众尊重其品牌，会有怎样的效果呢？可想而知，品牌不但难以获得关注，还会让受众觉得这是企业谋取私利的手段，并无实际意义。因为受众明白，这些企业和品牌对基本问题不闻不问，它们不过是在企业内部和外部用金钱换取喜爱和尊重罢了。这样一来，企业的承诺和"心意"就会变得含糊不清。相反，具有更高目标的标签故事则不会如此。

卫宝的视频故事带有强烈的情感色彩，如果从"引人入胜""真实可信"和"引发参与"这三项指标来衡量，分值都会很高。看着视频里的一位男性倒立行走、一位女性在树旁跳舞，这一定会引发你的遐想：他们在做什么？他们为什么要这么做？视频的真实性毋庸置疑，因为故事讲的是真人真事，故事人物需要解决现实问题。此外，视频故事和卫宝售卖香皂没有明显的关联，并且卫宝做出承诺的背后有实质性内容的支撑。最终，故事中的人物和感性的情节会让受众心生同情，产生支持该项目的想法。其他标签故事，如家乐浓汤宝"一尝倾心"的实验或柏兰德演示强大功能的搅拌机的视频的确出类拔萃，但这些故事很难形成重大的影响，因为它们并不具有卫宝的故事那样有更高目标的主题。

沃尔玛也有一则有着更高目标的标签故事，与保护环境密切相关。该故事始于21世纪初，一次沃尔玛的董事长罗伯·沃尔顿（Rob Walton）和保护国际组织（Conservation International）的首席执行官一起外出潜水和露营。两位领导人曾举行炉边会谈，我们不难想象谈话的场景，当时两者一定合力促使沃尔玛成为环保项目的领导者。后来，一系列高管会议顺利召开，经过漫长的学习和测试，沃尔玛终于做出保护环境的重大承诺，并决定在物流、商店运营、环保产品以及包装等领域广泛开展项目。结果证明，项目成效惊人，不仅大大节约了国家进口的能源，还带来了两个意想不到的好处：一是由于降低了能源成本，客户对新产品有良好的反馈，企业利润大幅提升；二是员工开始乐于接受围绕沃尔玛的新话题，要知道，此前沃尔玛在员工政策等问题上曾引发巨大的争议。但是现在，在一些人看来，沃尔玛已经成为环境保护的榜样。甚至还有一篇文章讲述了沃尔玛的故事，文章标题是《我们越来越难讨厌沃尔玛了》。

标签故事可以通过创造共同信念或共同价值观与受众建立情感联系，从而起到鼓舞人心的作用。护舒宝"像个女孩一样"的宣传口号直击人心，因为受众会将口号与身边的人对应起来。此外，受众还会对这一品牌产生自豪感，因为它敢于将隐秘的想法公之于众。

在服务业领域，我们讨论的重点可以从产品的服务属性转移到围绕客户体验的标签故事上来，以便获取灵感。例如，西联汇款（Western Union）就一直致力于宣传其汇款系统的便捷性。为了达到宣传目的，西联汇款制作了5个时长均为30秒的广告，分别讲述了非洲、菲律宾、印度、巴基斯坦和中国的家庭故事，拉近了那些要将钱寄到世界各地的人们之间的距离。

我们在深入了解了受助者和他们所处的文化后发现，这些汇款能够改变他们的生活。事实上，广告实现了转账概念的个性化，使其不仅仅是高效的交易这么简单。广告故事让西联汇款的员工明白，他们正在改变人们的生活，也让客户感受到，西联汇款可以理解他们的文化和交际关系。现在，西联汇款已经有了一个更高的目标。而且，与传统的广告相比，新式广告还帮助西联汇款的利润提高了5%。

显然，从标签故事获取的灵感和尊重能够帮助企业实施更高目标的项目，但与此同时，它们也会导致与故事有关的品牌黯然失色。由于故事会引起受众强烈的情感共鸣，因此，即使故事与品牌的关系不那么密切，也会影响到品牌联想。

为什么要有更高目标和项目

不少企业认为，追求实现更高的社会或环境目标是合乎情理、合乎道德的事情。赛富时的创始人马克·贝尼奥夫表示，"所有有能力的企业都应当让世界变得更好"。[2] 还有一个经济层面的原因，更高目标可以使企业节约能源、节省成本、提升品牌活力，并为整个社会创造更加健康的营商环境。此外，更高目标也会为员工和客户带来积极的影响。

当代员工需要更高目标。除了增加销售额、提高利润及获取薪水之外，他们还需要其他工作的理由。员工希望工作的企业值得人们尊重和钦佩，并且希望自己的工作有意义。更高目标可以通过制定振奋人心的共同目标来满足员工的需求，从而提高他们的工作效率。

许多从业者，尤其是"千禧一代"，会在工作和生活中寻找人生的意义。他们想在有影响力的企业工作，因为这些企业会制定政策和项目来改善社会和环境，让它们变得更加美好。简单来说，现在的从业者不仅仅是为了赚钱而工作。

更高的目标对企业来说意义重大，你可以问员工两个问题来检验你的企业是否具有更高目标：公司的品牌代表什么？你在乎公司的品牌吗？如果员工没有从正面回答上述问题，你就很难成功实施商业策略。拥有围绕社会或环境的更高目标可以鼓励员工心系品牌。同样，拥有可以传播标签故事的项目有利于明确目标，创造激情。

如今，越来越多的客户希望与值得尊重的企业或品牌建立关系，因为企业的共同价值观和富有意义的项目可以解决社会或环境问题。这类客户群体日益壮大，他们用行动支持并鼓励企业的项目和共同价值观，因为这些项目代表有效的行动，它们值得信赖。当客户和企业的共同信念足够强大，客户所表现出来的对品牌的忠诚就足以影响市场。

更高目标还可以满足自我表达的需求。与某个企业或品牌具有共同的更高目标肯定了支持者的价值观和激情。同样，支持者力求避免企业或品牌与个人形象发生冲突也是出于同样的动机。

积极的客户激励对那些已经创建或参与了由社会或环境问题定义的子类别的品牌尤为重要，这些品牌包括普锐斯、特斯拉、美方洁（Method）、巴塔哥尼亚（Patagonia）、无印良品（MUJI）、松下（Panasonic）、全食超市（Whole Foods）和汤姆斯布鞋（TOMS Shoes）等。其实，积极的客户激励与许多企业有关，只要这些企业承诺制定更高目标，提供实质性的支持活动并能够让受众参与其中。

即使受到激励的群体相对较小，但还是说明了财务紧张与财务自由之间的差别。一个小众但忠诚的群体所带来的影响远远超过多数普通消费者带来的影响，它能带动他人宣传企业的故事，重申企业的价值主张。也不乏部分消费者对品牌的更高目标表示支持，但这并没有改变他们的短期购买选择。即便如此，从长远来看，消费者还是会受到潜移默化的影响。例如，当推出新产品或品牌陷入公关危机时，正面影响就能发挥成效。

制定更高目标还可以为创建标签故事提供媒介。

更高目标支持标签故事

利用富有意义的项目或产品将更高目标公布于众有一个潜在的好

处，就是项目或产品将催生及释放强大的标签故事。这些故事可以触动受众的情感，并借助生动形象的人物和跌宕起伏的情节吸引受众参与其中。如果没有丰满的人物和情节，故事很难浮出水面。

卫宝的故事令人叹服，该故事的立身之本就在于它有更高目标，也就是借助"帮助孩子长到 5 岁"的项目宣传卫生知识。如果没有更高目标，一位父亲倒立穿过城镇或者尤塔里守护树木的故事就不会发生。就算肥皂广告惊心夺目，其吸引力也远不及"帮助孩子长到 5 岁"的视频。

第 1 章描述了赛富时 1-1-1 的项目，该项目为员工创造或支持社会和环境事业搭建了平台，也为生成标签故事开拓了渠道。显然，不论是在职还是潜在的员工，都受到了故事的激励。另外，有超过 100 家企业采用了 1-1-1 项目，为它们自己的品牌打造了相似的故事。

一个产品驱动的更高目标也可以催生标签故事。例如，联合办公（WeWork）是一家租赁办公地点的企业，主要面向小型和初创公司，满足它们的办公需求。联合办公完全可以围绕提供办公场所来达成目标，因为企业拥有德才兼备的后勤人员、舒适时尚的家具以及得天独厚的建筑群。虽然基于功能性利益发掘故事具有一定的难度，但是如果确立了为创造力提供办公平台这一更高目标，标签故事便会应运而生。联合办公创建了一个储存大量故事的故事库，用来说明企业如何从创意空间中获益。这些故事按照"由女性创建""年轻的创新者"和"保持工作和生活的平衡"等标签分门别类。

联合办公有一个标签故事是关于凯蒂·奥斯本（Katy Osborn）的。奥斯本想创办一家新公司，但缺少核心的创意团队。于是，她邀请两个姐姐一起加入。此前，两位姐姐分别从事不同的工作，一个是平面设计师，另一个是摄影师。三姐妹不论是在生活上还是在工作上，都是亲密无间的好伙伴。她们开设的工作室叫"阿米莉娅街工作室"（Amelia Street Studio），这是一家创立于芝加哥的营销和品牌代理公司，公司的名称是以三个女孩儿时在俄亥俄州阿克伦的住址命名的。阿米莉娅街工作室的客户遍布全美国，其中一个客户是一家沙拉餐厅Be Leaf，阿米莉亚街工作室为这家餐厅设计了菜单、室内空间、网站及一个风格奇特的视频片段。

对于许多企业和品牌（尤其是B2B领域的企业和品牌）来说，如果要打造生动有趣、真实可信且引人参与的标签故事，那么围绕功能性利益的战略信息就无法成为标签故事的主要来源。但是，更高目标的项目可以通过打造更高层次和更强有力的故事来改造品牌。如果你的品牌做了一些有趣的事情，那么自然会有更多值得讲的故事涌现出来。

故事优于独立的事实

在本章和第3章和4章，我们对比了事实和标签故事的力量，并阐述了它们是如何获取关注、传递内容、改变关联、影响喜好以及激发或促成行为的，又分析了它们能否完成以上任务。根据表5-1，我们回顾一下第1章，缅因州狩猎靴的事实和故事就形成了鲜明的对比。哪种更有可能传达靴子有卓越的质量这一主要目标？哪种会让信息变得更难以忘记，让更多人传播故事并且让更多员工和客户得到激励？

又是哪种会超越功能性利益，进而强化品牌的更高目标，点燃对户外运动和"创新"的热情？很明显，事实清单不太可能获得关注，而故事则可以成为具备持久影响力的载体。

表 5-1　事实与故事的区别

关于缅因州狩猎靴的事实	创始人里昂·比恩的故事
• 退款保证 • 防水橡胶靴 • 全粒面皮革的舒适体验 • 钢柄的额外支撑 • 橡胶链式底纹可以增加摩擦力 • 塑形脚型可以提高舒适性和稳定性 • 专业的鞋匠	为了保护脚不被露水打湿，里昂·比恩发明了缅因州狩猎靴。但是，生产靴子时出现了意外，第一批售出的靴子大多都出现了漏水的问题。为了弥补过失，比恩把钱悉数退还给了顾客。从此以后，里昂·比恩生产的靴子再也没有出现漏水的问题

对比表 5-1 中的事实和故事，以下哪种情况出现可能性更高：

- 获得关注并被广泛传播？
- 说明靴子的质量？
- 强化热爱户外运动和"创新"的更高目标？
- 激励员工？

挑战：创建更高目标

创建更高目标并不容易。以产品为导向的更高目标对一些公司（比如苹果公司）来说可能刚好合适，但对另一些公司来说就不太合适，或者过于牵强。对于其他公司来说，创造令人信服的更高社会或环境目标并不容易。无论更高目标是什么，都很难创建有效和可见的项目来增加实质性内容，并确保无损企业内外的信誉。当企业面临实现短期的销售和利润增长的压力时，这些挑战会变得更加艰巨。

企业该如何应对这些挑战？首先要解决的是动力问题。企业高管必须具有切实可行的更高目标，企业自身必须高瞻远瞩，不能一味追求低成本及高销售额和利润。企业有了动力之后，就可以利用一些有效的方法：

- 关注员工的兴趣点。什么项目能够吸引员工的参与？家得宝（Home Depot）与仁人家园（Habitat for Humanity）就曾携手合作。家得宝的员工会定期组成志愿者团队，到仁人家园帮助它们建造房屋，他们的主要帮助对象是退伍军人；卫宝的员工则通过多种方式参与"帮助孩子长到5岁"这一项目。
- 梳理企业的资产、技能和传统，思考如何创建有价值的项目。显然，家得宝具备专业技能和相应的材料来帮助仁人家园建造或重建房屋。卫宝的一项传统资产是制造一种既能杀菌又能去污的肥皂。
- 不只是注重产品和服务的功能性利益。你的产品和服务可以创造哪些社会福利和自我表达的机会？人们为什么要买你的产品和服务？
- 关注客户的需求。客户会喜欢并看重什么样的活动？家得宝的客户信奉"自己动手，丰衣足食"，所以他们会积极支持仁人家园的工作；卫宝的客户看了视频之后，就可以深刻感受到某些发展中国家婴幼儿死亡率居高不下的问题。
- 将目光聚焦于长期规划,而不是季节性促销。家得宝和仁人家园的合作始于 2011 年,现在两者的合作仍在继续。卫宝则致力于完成一项长期目标,该目标是帮助 10 亿人养成洗手的习惯。

第 6 章将讨论标签故事的主要目标受众:客户、员工和企业高管。

CREATING SIGNATURE STORIES

第 6 章
标签故事的受众

只有听到足以引发共鸣的故事时,我们才会学到最多的知识,发生最大的变化。

——约翰·科特(John Kotter),哈佛商学院资深教授、领导力和变革领域的专家

巴克莱：一个品牌如何重获信任

巴克莱（Barclays）是利用故事解决品牌危机、重获受众信任并改变对话形势的行业典范。[1] 巴克莱曾在2008年的金融危机中遭受重创。祸不单行，不久它又受到一项指控，指控称巴克莱和另外几家银行联合操纵了关键利率。2012年6月，巴克莱同意向美国和英国政府支付4.5亿美元罚金以平息这场指控，此举使巴克莱成为几家涉事银行中第一家与政府达成和解的银行。

对比2011年和2012年，我们会发现，巴克莱在英国的信任度与2011年1月相比暴跌至60%以下，而竞争对手的信任度为90%。显然，巴克莱的信任度远低于竞争对手。[2] 在这段时间里，一项涵盖了28个国家的全球调查显示，银行是最不受欢迎的行业，而巴克莱是英国最不被信任的行业中最不受待见的品牌。[3] 改变刻不容缓，于是巴克莱采取了一系列举措。

新的品牌目标

2013年2月，巴克莱公布了新的品牌目标："帮助人们以正确的方式实现他们的抱负。"该目标有5个支持性品牌价值观，包括尊重员工和企业管理（力求为社区带来积极的影响并支持可持续发展项目）、多方面培训企业的 14 万名员工、建立目标导向的评估体系以及改变企业的文化。

新的项目

得到授权和启示的巴克莱员工自主创建了数十个具有更高目标的项目，包括"数字鹰"（Digital Eagles）。"数字鹰"是企业的内部团队，旗下有超过 17 000 名员工，它的使命是教育公众在数字世界中生存甚至发展。"数字鹰"项目包括处理数字拷贝的非正式茶话会，以及帮助人们从新手进阶到高手的一系列课程，该课程就是"数字之翼"（Digital Wings）。

巴克莱还与英国的两家非营利机构合作，创建了"寄希望于变革"（Banking on Change）项目，用来解决全球 25 亿人无法获得正式金融服务的难题。"寄希望于变革"帮助创建并实施了多个项目，意在消除金融文盲（尤其是非洲妇女、青年和赤贫人群）。"寄希望于变革"不仅使金融产品更易于理解，还支持创建村社以辅助教学、筹集个人资金以及增加贷款来源等。在前 3 年取得了巨大的进展：来自 2.5 万个储蓄集团的 51.3 万人平均每年的储蓄量超过了 58 美元。鉴于许多参与者当时的经济状况，这一数字确实令人印象深刻。此外，该项目还创造了许多与个人和小型企业相关的故事，每个故事都振奋人心。[4]

文化革新和员工驱动的社会项目带有传奇色彩，最终将演变成一个引人注目的标签故事。但真正打动人心的，还是围绕参与项目的客户的故事。

新的沟通手段

2014年6月，巴克莱的沟通策略发生了变化。现实人物的真实故事取代了以产品为基础的沟通模式，这些真人真事为巴克莱具有更高目标的项目带来了一线生机。巴克莱共创建了40多个有意义的项目，重点建设的有4个，包括帮助人们驾驭数字世界的"数字鹰"。另外3个分别是："代码玩乐场"（Code Playground），教7～17岁青少年有关计算机编程的基础知识；"生活技能"（Life Skills），创建免费的校内在线学习项目，教导年轻人必备的生活技能，帮助年轻人在数字化平台寻找工作；"智能防欺诈"（Fraud Smart），免费在数字世界确保人们的资金安全。这四个项目都是借助真人真事传播的。

这些故事效果显著。史蒂夫·里奇（Steve Rich）是英国一位体育发展官员，由于一场车祸，他没办法再踢球了。但是，他还可以参加"步行足球"（walking football）。步行足球和传统的足球运动稍有不同，每队有6名球员，比赛时分成两队，两队球员在一个小球场上走着踢球，不能奔跑，但他们也能体验到踢球的乐趣。为了帮助像他一样的人也能再次享受足球带来的乐趣，里奇决定提高步行足球的知名度，将它打造成英国的全国性运动。里奇利用"数字鹰"创建了一个网站，将全国400多个团队串联了起来，并帮助个人与团队取得联系。"数字鹰"还帮助里奇与他的前足球队友取得了联系。里奇是推动这项运动的重要一分子，在他的努力下，人们对步行足球的兴趣与日俱增。现在，步行足球甚至在英国举办了锦标赛。

另一个故事与一位叫泽娜（Zena）的女士有关，她讲述了"生活技能"项目是如何帮助儿子帕里斯（Paris）做好充足准备，以便找到一份合适的工作的。"生活技能"从三个方面帮助求职者：首先，"优势之轮"（Wheel of Strengths）帮助帕里斯明确自己的优势、兴趣及个性，再根据帕里斯的个性为他推荐最适合的工作类型。然后，"简历生成器"（CV Builder）一步步地指导帕里斯写一份引人注意、内容翔实的简历。最后，模拟面试为帕里斯创造了宝贵的实践机会，帮助他树立了信心。最终，帕里斯获得了在目标企业面试的机会。

新的项目不仅鼓舞了员工的士气，激发了他们的能量，还改变了现有和潜在客户对巴克莱的看法。[5] 从 2014 年夏季活动启动到 2016 年年初，客户对巴克莱的信任度上升了 33%，考虑度上升了 130%，情感联系上升了 35%（这一类别的平均水平为 5%），"确保你的财产安全"指数上升了 46%。新活动的信任度是此前以产品为中心的活动的 6 倍，考虑度是这类活动的 5 倍。到 2015 年，媒体对巴克莱给出了 5000 条正面评价，其中有 600 条与"生活技能"有关。

与受众接触

如果企业想要在战略信息、价值观和品牌愿景等方面得到认同，那么首先它应该明确将重心放在关注哪些内容和吸引哪类受众上，以及在与受众建立联系方面，标签故事要发挥哪种价值和作用。

标签故事主要有三类受众：第一类是外部的受众，以现有和潜在客户为主要的关注对象，当然也包括社区领导者、供应商、经销商和投资者等；第二类是企业员工，他们负责执行企业战略；第三类是创造战略信息要素的管理层，他们负责利用标签故事刺激备选方案并指明企业的发展方向。

外部受众：现有客户和潜在客户

现有客户和潜在客户是最重要的外部受众，因为客户与企业和品牌的关系会在多方面影响市场。战略信息如何影响客户与企业的关系以及客户对企业的忠诚度？在促使客户信任、尊重和喜爱品牌等方面，战略信息是否比一系列事实和功能性利益更有效？如果战略信息可以发挥作用，标签故事又该扮演怎样的角色？

战略信息的重要性

不少人认为，功能性利益主导着客户决策。这是一种错误的观念，但这种观念盛行于世（在高科技和B2B领域特别流行）。这种观念乍一看符合逻辑，但正如第1章所指出的，事实并非如此。受众很少依据客观信息做决定，原因之一是，受众缺少寻找和处理信息的动机，他们觉得不值得这么做。还可能是因为受众怀疑这些信息存在误差，或者与他们没什么关系。因此，受众会去寻找其他一些线索，比如价格水平、用户档案、企业信誉及企业过去的经历等。

很多客户非常看重企业的声誉。客户对企业价值观、动机和方针的看法将影响客户与企业和品牌的关系。备受尊敬或喜爱的企业和品牌将建立超越产品功能的客户关系。在服务业和 B2B 品牌领域，如果客户最终能够与企业而不仅是产品确立关系，那么企业将拥有牢固的客户群。

设定更高目标时，标签故事的力量不容小觑。正如第 5 章所讨论的，更高目标的影响力日益强大，因为它可以为许多客户创造自我表达的机会。因此，即使客户群很小，企业的盈利和声誉也会获得积极的影响。

标签故事承担的角色

当受众对企业不感兴趣或怀疑企业的信誉时，企业该如何从现今拥挤混乱的媒体环境中获利，进而传播它的战略信息？

社交媒体渠道、有线电视频道以及新式网络在线信息获取方式的激增，导致媒体环境变得错综复杂、混乱不堪。信息若要突出重围获得关注，绝非易事。在大多数情况下，企业要跨越这种巨大的障碍，就不能只传递生硬的事实。

并且，对于任何想要宣传价值观、使命或文化的企业，客户一般都持怀疑甚至吹毛求疵的态度。在客户看来，战略信息听起来可能很高大，令人印象深刻，但是仍然会对信息心存怀疑，猜测企业不过说说而已，并不会将内容落到实处。战略信息的公布只是为了让企业自身有个良好的自我感觉罢了。因此，客户的应对策略是大幅降低战略信息的价值，当然更有可能出现的情况是，直接忽视战略信息。

那么，我们该如何利用引人注目、真实可信的战略信息，帮助品牌在复杂的媒体环境中脱颖而出？如果我们只是简单地陈述承载着战略信息的事实，事实将面临被歪曲、怀疑和反驳。这时候，标签故事就派上用场了。

合适的标签故事具有生动有趣、引人参与的特点，很容易获得受众的关注。而且，这类故事讲述的是真人真事，所以人们愿意相信并记住这些故事。故事的本质也决定了它能避免遭受反驳，因为故事是通过叙事而不是单纯地罗列事实来表明观点。因此，故事可以超越功能性利益，打破人们对既定事实的抵抗心理，突出重围。

巴克莱的例子表明，标签故事的确能够脱颖而出，产生巨大的影响。我们知道，与以往以产品为导向的宣传活动相比，故事极大地影响了我们对信任、体贴、情感联系和"确保你的财务安全"的看法。标签故事依靠其独特的可见性，取得了功能信息难以取得的成功。

有一点需要注意，不论是以直接还是间接的方式，标签故事并非总是能够代表功能性利益。事实上，标签故事一般起着表达企业或品牌情感层面的作用。对于莫尔森啤酒来说，第1章山顶冰球场的故事加深了莫尔森与冰球的联系，而实际上，创建这种联系就是莫尔森的品牌目标。虽然莫尔森的现有和潜在客户没有兴趣了解制造啤酒的细节，但是他们对冰球运动饱含热情。莫尔森在高山上修建冰球场，挑选冰球的狂热爱好者在该球场竞赛，它用行动证明了自己与客户一样，都是冰球的忠实"粉丝"。莫尔森的这一系列举措为品牌和客户之间的关系增加了能量，帮助两者的关系超越功能性利益，迈向更高的层次。

挑战：为标签故事获取外部关注

即使标签故事精彩纷呈，也很难获得关注。当然，也有不需要经过任何推广就能得到广泛传播的故事，但这不过是运气好罢了（当然，故事越精彩，运气越好）。在大多数情况下，企业需要拟订协调一致的计划，采取相应的措施向目标受众展示故事，不存在任何神奇的公式可以起到立竿见影的效果。这里有一些指导方针或许可以帮你达成目标：

第一，你要利用所有可用的渠道，包括文章、书籍、媒体采访、公共关系、付费广告、博客、网站及各种形式的社交媒体。社交媒体策略应该是通过接触员工、品牌之友和其他拥有一众追随者的有影响力的人来建立一个关键的利益群体。这些渠道增加了信息的曝光度、支持了信息的传播。但是，总体计划仍然是以故事内容为核心：如果你的故事无法脱颖而出，或者你只是将故事作为一种推销工具，你的努力可能会付诸东流，甚至适得其反。

第二，努力的方向要协调一致。如果经营机构无法发出协调一致的信号，形成社会推动和协同作用，交流工具就只能独自运行。研究表明，两个协调一致的媒体所产生的影响力比两个单独运行的媒体相互叠加所产生的影响要大得多。换句话说，就是产生 1+1>2 的效果。

有一点要注意，故事不一定通过广泛传播才能取得成功。就算受众只有几千人、几百人甚至几十人，故事也能发挥效用。有时受众的质量比数量更重要。例如，汽车公司更在意的是如何将自己的标签故事展示给数量有限但活跃的潜在买家。一家 B2B 公司可能只需要接触几个核心首席执行官就能收获成功。因此，故事的影响力不是由受众的数量决定的,而是由受众的具体情况以及受众听到故事后的感受和行为决定的。

内部受众:员工

建立强大的企业文化关键是要在企业内部传播战略信息,而强大的文化可以达成战略信息的目标。但是,这是一项艰巨的任务,因为这不仅涉及沟通的技巧,还涉及对各种想法的承诺。因此,员工必须学习和信任战略信息,并将其应用于实践之中。

以下每一步都是挑战。

学习战略

首先,企业要传达品牌愿景、客户关系的基础、企业价值观和经营战略,并要求员工理解并记住这些战略和决策;其次,即使企业身处变化无常、纷繁复杂的媒体环境之中,仍需保持战略清晰。这一点至关重要,因为员工需要明确的战略和战术方向,以便了解哪些决策是"基于信息"的,而哪些决策不支持甚至偏离基本的战略信息。要做到这一点,企业内部需要进行富有黏性、易于理解的沟通。

仅仅阐述战略信息是不够的,因为受众不太可能去处理并记住这些信息。标签故事可以通过获取必要的关注,帮助员工巩固信息。我们不妨回想一下第1章缅因州狩猎靴的故事,对于里昂·比恩的员工来说，这些故事展示了企业对创新、户外运动和客户服务的热情，它是企业的根基，也是故事一以贯之的思路。受众听到这个故事，便很容易理解并记在心里。相较而言，如果只是单纯地宣称自己对这些方面满怀热情，则很难让受众信服。

幽默的技巧能够避免企业高管沦为说教者，帮助他们将故事传达给下属。特别是出现敏感问题时，幽默更是能取得奇效。巴德·凯特（Budd Cheit）是一位极具天赋的组织领导者，1991年退休之前，他曾两度担任加利福尼亚大学伯克利分校哈斯商学院的院长。现在，我仍对凯特教授的说话风格记忆犹新，因为他善用幽默委婉的方式表述微妙的观点。他曾经讲过关于学院里经济学教授的故事，这些教授大多恃才傲物，和商学院其他学科的教授如出一辙。他开玩笑说，商学院的经济学教授心里很清楚，他们的平均收入比英语、物理和数学教授高得多的原因与顶尖人才的供求关系有关。但是，他又接着说道，他们却怎么也想不明白，会计学和金融学教授不比他们聪明，成果也没有他们丰富，为什么赚的钱却比他们多得多，他们百思不得其解。这种凯特式幽默能逗得人捧腹大笑，同时还能以一种温和且令人难忘的方式传递部分战略信息。

相信战略

一方面，员工必须相信企业能够践行战略信息，并最终取得成功。换句话说，员工要相信企业会认真对待战略信息，并利用战略基本原理、项目资产及支持性资源支持战略信息；另一方面，企业必须具有可信度，要让人相信战略信息具有实际意义，而不是夸夸其谈。

标签故事可以提供（战略）基本原理、提高可信度。例如，第1章诺德斯特龙的故事中，得到授权的员工有权回收废旧的轮胎。这个故事为给员工授权和以客户为中心的企业文化树立了一个极端、清晰的榜样。再如，第1章特斯拉的故事提出了一个切实可行的成长计划。还有，第5章卫宝的故事把更高目标背后的实质性内容清晰地展示了出来。

星巴克也是一个典型的例子，星巴克的核心战略信息是，为顾客打造一个在家和工作场所之外的第三场所，作为温馨的避难所。这个战略信息源于霍华德·舒尔茨（Howard Schultz）1983年参加意大利的一场家居用品展期间的所见所闻。那时他才刚入职，还未晋升为星巴克的首席执行官。[6]在米兰街头的咖啡馆，他见识了咖啡师精心调制咖啡时优雅自豪的神态，现场宛如一出美妙绝伦的戏剧。他还注意到，店里的顾客无不怡然自得、身心放松，他们能够随心所欲地与其他客人和咖啡师闲聊。这种闲适的氛围具有一种仪式感，安静祥和又充满能量。在亲眼见证了良好的社交氛围和优质的咖啡能极大地改善顾客的体验，在亲身体会到员工的社交技能、知识和对咖啡的热爱是顾客获取优质体验的关键因素后，舒尔茨提出了"第三场所"的概念。星巴克及其员工的核心价值观自此形成，即"打造一个能为顾客带来温暖、归属感的文化，欢迎每位顾客光临体验"。[7]这个故事为整个公司的价值观阐述奠定了基础。

践行战略

员工需要激励和授权，才能提供卓越的产品或服务。同时，员工自身要善于发现尚待满足的需求,以便创造新的产品,并想出突破性的品牌建设方案。换句话说,员工需要触及"宏大"的理念,才能走得更远。企业倾向于将之前的产品和项目作为未来的路标,但只有那些备受激励的员工才知道,新的产品和项目在哪里可以发挥作用。

显然,巴克莱的员工从创建与社会相关的项目中得到了鼓舞。他们见证了这些项目的影响,也见证了这些项目在讲述真实人物的故事中得到了宣扬。这一过程给他们的职业生涯注入了新的意义,也为企业新的价值观和文化创造了认同。当更高目标能够为员工创造意义和成就感时,践行战略就变得更加容易。

例如,莫尔森的故事就用不同寻常的方式表现了品牌与"冰球就是一切"的加拿大冰球爱好者之间的联系,这激发了员工的创造力,也引发了他们的思考。再如,第2章Skype的故事也让员工对品牌产生了自豪感,因为他们的品牌帮助世界各地的人实现了创造性沟通。其实,如果企业的战略足以改变人们的生活,那么践行战略的难度就会更低。

挑战:为标签故事获取内部关注

企业内部面临的挑战是,让员工和合作伙伴在战略上认同标签故事。这就需要企业高管识别故事,并施以有效的沟通和利用。

如果员工之前听过所要传达的故事,那么只需稍加提醒,他们便能想起这个故事。企业也就不必为了让故事发挥作用而不断重述故事。以里昂·比恩为例,里昂·比恩只需简单地提及著名的缅因州狩猎靴的故事，就足以支撑创新项目。事实上，正如第 4 章所述，故事可以通过象征、奖励或举办能够展现故事意义的活动，来发挥积极且卓有成效的作用。

当员工承担了责任，识别并呈现了反映品牌愿景、客户关系、企业价值观或业务战略的故事，战略信息就会变得越来越具体，越来越具有可信度。总之，拥有一个或多个标签故事的员工比只是一个消极受众的员工更具责任感和积极性。

管理层的任务：阐明品牌愿景和组织价值观

人们普遍认为，标签故事的作用是为客户、员工及其他人员传递战略信息。但是，很少有人知道，这是一个可逆的过程，开发或回顾标签故事可以为理解品牌或企业的核心价值观提供媒介。因为标签故事提供了一个视角，能够帮助更丰富的概念发声，以便超越功能性利益。在此过程中，标签故事在创建战略信息元素上扮演了一个概念性的角色。

创建愿景

管理层的关键任务是开发或更新品牌愿景或组织价值观。在着手这项任务之前，首先，团队可能需要开一个热身研讨会，研讨会上，关键人物要提出标签故事。研讨会的任务是回顾那些表明"我们是谁"

的故事，因为这些故事充分体现了企业的传统或方向。有一些故事在企业内部可能广为人知，而其他故事则鲜为人知，或者只有一两个管理层的成员知道。但是，不论如何，所有的故事都应该能够以某种相互关联且生动形象的方式代表着组织。

以这种方式呈现标签故事很有价值，因为标签故事通过创造不同的词汇和语境，表明品牌愿景的多个维度和品牌的一系列价值观。如果没有标签故事，品牌的不同维度和价值观就难以呈现。呈现不同维度和价值观不仅可以创造值得思考的新概念，还能形成对品牌个性和活力的新看法，并带来自我表达和情感利益的好处。总之，更高目标的标签故事可以形成真实可信、触手可及的品牌愿景的元素和组织价值观，这是之前从未被引起重视的。

故事还会给研讨会的参与者带来信心。过去，与会者会觉得品牌愿景或组织价值观的某个维度遥不可及，因而不予考虑，但现在，他们可能会认真讨论，因为故事证明了"我们可以做到"这些看似难以完成的事。

传播愿景

管理人员的主要任务是向员工和客户传达他们对组织的愿景。如果故事适合传播，那么它就可以起到关键性作用，但要避免掉入故事过剩的陷阱。第2章介绍了应对故事过剩的方法，包括利用故事库确保员工手头上有合适的故事等。

此外，管理人员必须是值得信赖的发言人。他们要懂得利用个人或职业的标签故事来展现自己的品格以及员工期待从领导者身上看到的品质，这也是给员工留下好印象的正确方法。在第9章，我会再详细阐述这一点。

挑战：有效寻找和利用标签故事

如果管理人员能够利用故事来传递信息，沟通就会变得更加高效。但是，很多管理人员叙事时往往不够自然。因此，他们需要积极的动力、严明的纪律和充足的时间来学习叙事的技巧。首要，初学者要观察高效的交谈者是如何利用故事来表达观点的；其次，要立志成为一个讲故事的人，而不只是做一名讲师或职权的行使者；最后，要与故事融为一体，让讲故事有你个人的风格。

践行一个由故事驱动的项目

相信标签故事的战略力量和价值只是任务的一部分。接下来的第7章和8章，我将介绍一些实用的方法，帮助大家发掘有价值的标签故事。在第7章，我们将探讨寻找或创造这类故事的途径。在第8章，我们将讨论强势标签故事的多个层面，并说明这些层面将如何帮助讲故事的人评估、提炼和呈现故事。

CREATING SIGNATURE STORIES

第 7 章
寻找标签故事的源头

获得一个好想法的最佳途径,就是要拥有很多想法,然后留下最好的。

——莱纳斯·鲍林(Linus Pauling),化学家、诺贝尔化学奖得主

可口可乐幸福贩卖机

2009年,可口可乐公司的发展遇到了瓶颈,它发现自己需要创造一种新的方式来刺激社交网络,从而与青少年建立更深厚的联系。[1] 可口可乐的战略信息遵循了公司的核心承诺,即"释放幸福瞬间",并将这种快乐带给世界各地的年轻人。这种想法催生了7个项目,包括著名的"旋转可口可乐瓶子"(Spin the Coke)软件,该软件获得了100万的下载量。

其中一个项目还录制了一段令人难忘的视频,该视频的主角是可口可乐公司制造的"幸福贩卖机"。项目开始之前,工作人员将一台看似普通的可乐贩卖机放在纽约圣约翰大学(St. John's University)的一个学生聚会场所里,贩卖机里装有隐藏的摄像头。当毫不知情的学生走近贩卖机买可乐时,他们会得到一连串的惊喜。首先,可乐会源源不断地从贩卖机里蹦出来,让他们又惊又喜。然后,贩卖机会伸出一只手,为他们献上一束花。随后,机器里还会冒出一只气球狗、一块比萨甚至一块潜艇三明治,可谓惊喜不断。有两个学生高兴坏了,他们甚至给了贩卖机一个拥抱。这个项目令人感动,因为与其他许多幸福时刻一样,这些惊喜都是始料未及的慷慨之举,不求受益者任何的回报。

讲述这个故事的视频虽然才两分钟,但获得了超过800万的点击量。视频成功地激励可口可乐公司把这种想法推广到其他国家，比如在阿拉伯联合酋长国设立电话亭㊀、在巴西的里约热内卢及菲律宾推出卡车㊁等。这种想法还激发了可口可乐公司开展"让世界变小"的活动。为了帮助活动顺利开展，可口可乐公司制造了两个特殊的自动贩卖机，一个被运往巴基斯坦的拉合尔，另一个则运往印度的新德里。这两个国家长期存在政治分歧，但这两台机器却以独特的方式消除了分歧。它们是如何做到的呢？原来，可口可乐利用触屏科技将一个流媒体视频同时投射到两台机器的屏幕上，之后，两个不同城市的人就可以合力完成一项友好的任务，包括一起挥手、跳舞或者画一个和平标志等。任务完成后，参与者可以共同分享可口可乐。视频记录了许多温暖的时刻，比如新德里的一位年轻女子就与拉合尔的一位老妇人"牵"了手，为视频带来了超过300万的额外关注。

　　研究表明，相比于观看可口可乐广告的人，观看"幸福贩卖机"视频的人对可口可乐品牌有更深刻的印象，因为他们觉得自己与可口可乐产生了联系。年轻受众也更加坚信，可口可乐能够建立人与人之间的联系，激发人们的幸福感。鉴于视频的成本不值一提（特别是与可口可乐30亿美元的广告预算相比更是微不足道），视频的影响可谓引人注目。

　㊀ 迪拜有很多南亚工人，对他们来说给家人打电话是幸福的，但每分钟0.91美元的费用让这成为奢侈。可口可乐推出电话亭装置，每投入一个可乐瓶盖，就能免费通话3分钟，而迪拜一瓶可乐的售价是0.5美元。可口可乐此举既能帮助工人解决打电话贵的问题，也促进了自己的销量。——译者注

　㊁ 可口可乐延续自动贩卖机的思路，推出了更有诱惑的"幸福卡车"，它比贩卖机更大，装载的惊喜也更多。——译者注

创建或寻找标签故事

该如何想出有效的故事、激发正确的故事、过滤掉多余的故事以及提炼出最具潜力的故事？你需要先想明白下面这些问题，再决定哪些故事值得利用，哪些可以提升到一流的高度。

第一，明确你的战略信息。可口可乐的愿景是将幸福感与清晰的目标市场联系起来。该愿景激发并指导了"幸福贩卖机"的活动，表明举办这项活动并非漫无目的。

你要想清楚，企业内部要明确及支持哪些战略信息，是你的企业价值观、品牌愿景、客户关系还是商业战略？必须优先考虑哪一方面的内容？还需要创造、加强或改变员工或高管的哪些态度和看法，以便企业取得战略上的成功？在企业内部，战略信息的哪些方面可能影响到客户关系？提升或激活品牌需要优先处理哪些信息？目标市场是什么？哪些市场最有利于刺激增长，提高忠诚度？

第二，你要允许一系列故事同时出现，就像可口可乐公司的故事那样。要明白，战略信息或其他信息可以激发各种故事主角、背景及呈现方式，帮助故事发展。当然也要尽量多收集一些想法，以便获取好的想法。一方面，可以发掘现有的故事，以供选择；另一方面，也要创造一系列新的故事。

开发故事集、丰富故事库有不少好处。其一，开发故事集的过程发挥了创造力，增加了新颖有趣的故事出现的可能性。其二，如果有多个目标市场，单个标签故事可能无法适用于所有市场。比如，"幸福贩卖机"的想法在美国大学校园会有不错的反响，但在阿拉伯联合酋长国或巴西里约热内卢，具体实施时就要做一些调整。其三，如果一系列标签故事都是针对同一群受众，那么这些故事可以相互补充，避免由于重复而显得乏味。

其实，构思故事时，不一定要把目标指向广阔的市场或投入大量的预算。与一定规模的特定受众建立联系可能比只是让数量庞大的受众听到故事效果更好。可口可乐公司就通过头脑风暴开发出了许多项目，而且没有一个项目在执行时耗费了大量的经费。实际上，具有创造性和独特性的想法与目标市场息息相关，并且每个故事都足以引人注目。因此，没有必要为了吸引大量的关注而耗费巨额的成本。

第三，在开发标签故事集时，要秉持"尝试中学习"的理念。与其等待"完美"的故事出现，不妨试试那些看起来不太完美的故事，它或许能取得奇效。如果你手头上有一些类似"幸福贩卖机"的故事，它们已经取得了不错的反响，值得进一步投资或改进，你就要继续跟进；如果没有，就要及时止损。数字时代，速度决定一切，快速尝试也就成为一种可行的方法。简单来说，你可以开发一系列标签故事甚至标签故事集，然后挑选出最好的那一个。

内部的故事与借用的故事的区别

标签故事主要有两个来源：一个是企业内部的，另一个是借用的。企业内部的故事来自你的企业或品牌，而借用的故事则是从其他企业或品牌借鉴而来。本书重点讲解企业内部的故事，因为这类故事有目标明确的战略信息，而且这些信息具有可信度，因此这类故事最有可能引人关注和参与。但是，企业内部的故事突然冒出来时，可能无法立即投入使用，尤其当战略信息目标远大时，使用的难度会更大。这时你就需要去其他地方寻找及改编强大且与品牌相关的标签故事。

第1章讨论了两种借用的故事。第一种是在企业外部寻找榜样，这个榜样应该是已经完成了你所传递的战略信息要达成的目标。不妨回想一下赛富时的标签故事，赛富时发起了1-1-1项目，后来，有超过100家公司也打造了属于自己的1-1-1项目来解决社会问题。不仅如此，许多其他公司借用了赛富时的标签故事来激励自己努力前行。第二种可能来自多种渠道，包括新闻事件、历史、小说或电影等。我们再回想一下第1章中古贝尔的经历，古贝尔利用阿拉伯的劳伦斯的故事，改变了哥伦比亚公司的文化和战略。还记得第4章开头犹太人的教学故事吗？故事讲的是一个赤身的"女子"被村民拒之门外，直到她穿上故事的外衣才被人所接纳。这个标签故事也是这本书的标志。

当手头上的故事力量不够强大，与战略信息的相关性也不高时，你就应该考虑去借用一个故事。要想借到合适的故事，首先你要在战略信息的指导下广泛撒网，在尽可能多的论坛和环境中尝试应用这个信息。你要不停地寻找榜样、浏览热门电影或书籍，看看它们能否带来可行的故事。比如，在阅读新闻时，尝试寻找那些能够传递战略信息的隐喻。如果一个故事能够阐明显而易见的观点，这就是一大优势。第1章中克林顿只需提及《正午》这部电影，就能激活告诫支持者应当忠诚的标签故事。

故事的主角

你手头上的故事一般有一个或一系列主角。你可以通过挑选不同类型的主角来寻找合适的备选故事。当然，目标是找到那些真实、有趣、引人参与的故事，能够帮助你传递品牌、企业或商业战略的信息，并激励企业的员工和客户。

本章，我将介绍10种类型的故事主角：

- 客户
- 产品
- 品牌
- 品牌代言人
- 供应商
- 员工
- 组织项目
- 创始人
- 振兴战略
- 成长战略

这份列表可以轻而易举地扩充到几十种类型。但是，以上10种足以为寻找强大的故事开一个好头。第1章开头列举的故事包含了5类主角，分别是客户、产品、品牌、创始人和成长战略。以上5类主角再加上员工、组织项目和振兴战略，它们可能是最常见且最有效的标签故事。

其实，故事类型并非泾渭分明，它们经常相互重叠。而且，大多数标签故事都有两个或两个以上的主角。例如，产品和品牌会同时出现在许多故事中，但有时它们并不是主角，可能只是配角。尽管许多标签故事既可以用于战略信息的内部交流，也可以用于外部交流，但是一般来说，左边的5类对外部受众比较重要，而右边的5类在企业内部更重要一些。

客 户

把客户作为故事的主角能够发挥作用,是因为客户缺乏类似"我的品牌(或我的产品)比你的好"的自利式信息。他们的故事往往与企业的价值观或品牌的价值主张紧密相连。而且,越来越多的人意识到,客户体验和相关的故事在品牌建设和市场营销中的重要性与日俱增。因为,比起来自商业广告的信息,客户更看重其他客户亲身体验的信息。这种想法在服务业和B2B品牌领域尤为常见。IBM沃森健康的客户便拥有属于自己的故事,这些故事与其他从事保健服务的潜在企业客户高度相关,因为这些客户也在处理类似的问题。

领英(LinkedIn)是以商业和职业为导向的社交网络,它围绕着利用自身的力量推动职业发展的理念,开发了一系列由专业人士创作的时长为一分钟的故事。珍妮(Jenni)是故事的主角之一,她讲述了自己是如何利用领英搭建的平台建立紧密的人际关系的。领英还帮助她获得营销的职位,促使她下定决心创办属于自己的公司。安杰拉(Angela)则分享了她所热爱的工作,作为数字分析领域的一名自由职业顾问,她想方设法利用数学知识解决客户的商业难题。蒂姆(Tim)分享了自己想要开酒厂的梦想。不少视频故事颇受欢迎,一些故事的浏览量甚至超过了100万次。

既然以客户为主角的故事效果显著,那么我们该如何寻找这类故事呢?有两种方法:一是通过观察得到;二是激励客户,让他们主动分享自己的故事。领英就为用户搭建了平台,让他们讲述自己的成功故事。领英会从中挑选出最具吸引力的故事,录制成专业的视频。普瑞纳猫粮（Purina Cat Chow）要求顾客讲述他们与宠物之间的故事。故事的主题丰富多彩，包括"为什么我喜欢猫""我和猫的不解之缘""猫会永远伴我左右"以及"回忆"等。普瑞纳猫粮通过一则则感人的故事讲述了人和猫之间的情感联系。

还有一种方法可以帮助我们找到需要的故事，即先与客户互动、交谈，然后观察他们的言行举止，最后与对方建立联系，这个方法在B2B领域特别有效。你要了解你的客户，他们住哪儿，会在哪里购买和使用你的产品，他们现有和潜在的问题是什么，一旦你对客户有了足够的了解，故事自然而然就会出现。

产　品

一般企业的产品是战略信息的核心，这些产品包括有形的物品和无形的服务。例如，产品（洁净的饮用水）在第1章"慈善之水"故事中就扮演了主要的角色。"慈善之水"发挥了创造和管理水源的能力，给故事人物的生活带来了极大的改变。因此，故事的战略信息就是产品及产品所带来的影响，也就是说，产品处于故事的核心位置。

产品通常是标签故事的一部分，第1章里昂·比恩和诺德斯特龙的故事，以及第2章Skype的故事就是典型的例子。但有时产品也可能成为故事的主角，比如第2章柏兰德的标签故事（"它能被搅碎吗"），以及第4章迪吉奥诺比萨的标签故事（这不是外卖，是迪吉奥诺比萨）便是如此。

经典的天美时（Timex）广告也同属此类。天美时公司为了拍广告，会将手表置于各种危险的环境中。有一次，墨西哥的一位悬崖跳水运动员就戴着天美时进行了一次惊心动魄的跳水挑战，这项挑战对跳水者和天美时手表来说都是极大的考验。人们不禁心生疑虑，挑战结束后，手表还能走吗？后来跳水者挑战成功，奋力上岸。新闻记者和故事叙述者约翰·斯韦兹（John Swayze）报道了此次事件，报道称，手表"毫发无损"，短暂停滞后，又安然无恙地运转了起来。总之，以产品为主角的故事不需要任何解释，因为产品就代表着品牌，而品牌又恰好是故事不可或缺的一部分。

品　牌

品牌可以借助举办与产品和服务不相关或只和它们挨上一点边的项目或促销活动而成为故事的主角。要让品牌成为主角，故事必须具备能够传达超越产品的品牌特征。例如，第1章莫尔森的故事传达了品牌对冰球的热爱、本章"幸福贩卖机"的故事传递了可口可乐带来的快乐体验，演示了其品牌力量。万事达卡（Master Card）也是一个典型的例子。

长期以来，万事达卡一直致力于利用自身打造的"无价"的概念提高品牌的知名度。"无价"的概念表明，人们会把个人经历和家庭关系看得比其他事情更重要。当然，万事达卡也面临着挑战，即为这项持续性活动注入能量，创作出引人注目和参与的故事。

如何应对这项挑战？万事达卡举办了一项活动，该活动始于一项客户研究。研究表明，在得到意外的奖赏时，人们会体验到更多的快乐。研究的结果催生了"无价惊喜"这一项目：幸运的持卡人会有名人上门拜访，或是免费获得活动门票，有时候甚至鱼和熊掌兼得。该项目创造了一系列新颖的"无价"标签故事，[2] 因为万事达卡的奖励和其他意在提高客户忠诚度的奖励大相径庭。有一个例子可以说明这一点。在一家体育酒吧，父亲和 4 个儿子拒绝购买两张大型冰球比赛的门票，原因是父子 5 人不想因为看比赛而彼此分开。几分钟后，冰球传奇人物道格·吉尔摩（Doug Gilmour）竟然向他们发出邀请，邀请他们一起坐在一个豪华包厢里观看比赛。还有一个例子，万事达卡请歌星贾斯汀·汀布莱克（Justin Timberlake）到"粉丝"家拜访，当他敲响门铃，只为和"粉丝"寒暄几句时，"粉丝"惊呆了。另外一个例子中，万事达卡曾赞助莫斯科柴可夫斯基音乐学院的一场音乐会，当达斯·维德（Darth Vader）和他的士兵来到音乐厅，和现场观众一起听《星球大战》的主题曲时，听众无不大吃一惊。

活动通过创造许多激动人心的时刻，催生了强大的故事和巨大的品牌活力。来自 34 个国家的 260 个"无价惊喜"给 270 万人带去了快乐。活动结束后，万事达卡做了一项调查，调查对象包括全球的用户。调查显示：在欧洲，受到故事的影响，考虑使用万事达卡的主要目标受众的人数增长了 47%；在拉丁美洲，信用卡使用率提高了 89%；在加拿大，31% 的持卡人表示他们更愿意选择万事达卡，因为使用万事达信用卡可能收获惊喜；在亚洲和太平洋地区，该活动吸引了 4700 万社交媒体参与其中，活动点击率是行业平均水平的 1.5～3 倍。

品牌代言人

品牌代言人可以利用其声誉或声望吸引受众关注标签故事。比如，耐克（Nike）、多瑟瑰啤酒（Dos Equis）和优衣库（UNIQLO）等许多公司都请了代言人，帮助它们讲述有趣的故事，为品牌注入能量。

从2006年开始的10年里，多瑟瑰啤酒把一位70多岁，蓄着胡须、温文尔雅的绅士描述成世界上最有趣的人。这位绅士经常说起自己年少时的英勇事迹，比如在摔跤比赛中获胜，在汹涌波涛中冲浪，在赌场轻而易举地将两位年轻女性举过头顶。另外，他还时不时就酒吧坚果、两党制、自我防卫、花瓶妻和兄弟情等话题发表自己的看法。老绅士说话时常常带着画外音，既幽默风趣又肆无忌惮。这一系列广告的最后，幽默的老先生总会出现在夜店或其他社交场所，身旁围绕着年轻漂亮的女子，他悠然地对前来敬酒的人说："我平常不喝酒，喝酒只喝多瑟瑰。"多瑟瑰啤酒的一系列标签故事创造了个性十足的角色，这一角色将品牌与受众的独特品位相联系，提高了品牌的可见性和活力。

优衣库是一家服装零售商，总部设在日本。它拥有一系列品牌技术，包括HeatTech技术，用于制造发热和保暖的内衣；AIRism技术，用于吸湿速干的内衣；BlockTech技术，用于制造挡风遮雨的衣物；Dry-Ex技术，用于提高运动休闲服装的质感；等等。这些技术不仅帮助优衣库跻身创新型零售商之列，为追求休闲和积极生活方式的人提供了先进的产品，还帮助优衣库荣膺了2017年日本第七大品牌。[3] 优衣库是如何宣传这些技术，令它们家喻户晓的呢？其中一大原因是，优衣库请了南谷真铃（Marin Minamiya）做品牌代言人。

南谷真铃是一位年轻有为的登山爱好者，她是优衣库及其品牌技术的使用者、代言人兼产品顾问。[4] 她的故事充满了传奇色彩：19岁时，南谷真铃便成为日本最年轻的珠穆朗玛峰登顶者；20岁时，她顶着狂风，忍受着极寒之苦，征服了七大洲最高峰。她的探险经历离奇曲折，包括从悬崖坠落、在雪地过夜等。这些经历捕捉了她登山时惊心动魄的瞬间，展现了她非凡的毅力和耐力，也体现了她惊人的洞察力和丰富的情感。谈到登山的初体验，她感慨道："旅途中美丽的风景令我一见倾心，站在山顶上，我感到前所未有的平静、安宁和自由。"[5] 南谷真铃将她的故事与优衣库紧紧联系在一起，帮助优衣库提高了创新面料的知名度。

供　应　商

如果供应商是故事的主角，那么价值主张的可信度就会相应提高。例如，对于食品公司而言，将供应商作为故事的主角有利于宣传它们的有机食品和天然产品。克利夫酒吧公司（Clif Bar & Company）就曾围绕开展和经营原材料的有机农场举办了一系列名为"让农民自己发声"（Farmers Speak）的项目。该项目催生了许多故事，其中两个故事甚至被录制成一段4分钟的短视频，视频在YouTube上一经播出，便获得了超过60万的点击量。

有一个故事讲述了布莱恩·克鲁姆和他的农场。克鲁姆从父亲和祖父那儿继承了萨斯喀彻温省的农场。以前，父辈都是用传统的化学方法培育农作物。现在，管理这 2880 英亩[⊖]农场的重任就落在他的肩上了。视频里，克鲁姆表示，随着时间的积累，他担心化学方法培养的农作物可能会影响家庭成员的身体健康，甚至还可能危及正在消失的鸣禽，迫使它们不得不逃离农场。于是，到了 1996 年，他决定花 3 年时间将自家农场从传统农场过渡到有机农场。他不再使用化学制品，而是改用轮作，施有机肥，并遵循作物的生长周期种植农作物。他将传统农业和有机农业进行了对比，说道：" 别人是喷洒农药，但我们是精耕细作。" 他表示自己不会再使用传统的化学方法了，因为他现在很享受随处可见鸣禽和青蛙的农场环境，而且安全的环境能够帮助儿孙们健康成长。

员　工

诺德斯特龙的故事生动地说明了，处于工作一线的员工也能成为故事的主角。而且，以员工为主角的故事威力强大、令人难忘，因为其他员工可以与故事及故事中的问题产生共鸣。

美捷步（Zappos.com）是一家在线鞋店，它曾围绕其十大核心价值观打造了一系列标签故事。其中一个价值观是推出让客户"哇"声惊叹的服务体验。有一则故事诠释了这一价值观：一天凌晨，美捷步呼叫中心的一名员工接到了一位顾客的来电，顾客抱怨找不到一家现

[⊖] 1 英亩 =4046.856 平方米。

在还在营业的比萨店。虽然这不在其业务范围之内，但这位员工并没有委婉拒绝顾客的请求，而是找了份附近通宵营业的比萨店名单，帮助顾客解决了问题。

若想要获取员工的故事，我们需要对他们进行一番激励。美孚石油就是一个典型的例子，现在美孚石油（Mobil）已经被埃克森（Exxon Mobil）并购，在此之前，美孚石油曾围绕其品牌原则"领导力""伙伴关系"和"信任"展开了一场竞赛。在这场比赛中，任何员工或团体都可以提名一个最能体现以上三大原则的人、团队或项目。比赛的获胜者将有资格以内部人员的身份去观看"印第安纳波利斯500英里大奖赛"[○]。惊喜的是，美孚石油不仅收到了300多份参赛作品，还收获了许多令人难以置信的故事。

组织项目

组织项目通常与实质产品的营销无关，但可以通过形成组织的价值观或战略背后的资产作为其代表，进而成为故事的主角。事实上，要想提高项目的可见性，还得发挥标签故事的作用。

以伯克利分校哈斯商学院为例，该校的标签故事就为它的四大价值观提供了实质性内容。这四大价值观分别是：自信但不自负

○ 印第安纳波利斯500英里大奖赛（Indianapolis 500）始于1911年，通常又被称为"印第安500"或"500英里大奖赛"，是一场由美国IRL（印地赛车联盟）举办的汽车运动大赛。它于每年（美国）阵亡将士纪念日周末在印第安纳波利斯举办。——译者注

（confidence without attitude）、超越自我（beyond yourself）、学而不倦（students always）和质疑现状（question the status quo）。这些价值观帮助学生实现了差异化，并起到了激励学生的作用。有一个标签故事与改变招生流程有关，讲述了学院在招生流程中增加了"价值兼容"的内容。申请入学的学生需要写三篇论文（论文题目类似于"哪些经历改变了你的价值观"），说明他们是如何理解学校的这四大价值观。改变招生流程取得了显著的效果，与之前的课程和竞争高校的课程相比，工商管理硕士（MBA）的学生团体不仅变得更有凝聚力（拥有共同价值观和目标的学生更多了），也变得更具积极性（学生之间相互竞争更少了，合作更多了）。

创 始 人

由于企业的核心价值观和价值主张在创立之初就已经显而易见，因此，企业的创始人也可以作为标签故事强大的来源之一。我们对这类故事并不陌生，第1章里昂·比恩的故事就属于创始人的故事，克利夫酒吧的标签故事也是一个典型的例子。1990年，克利夫酒吧的创始人加里·埃里克森（Gary Erickson）参加了175英里的骑行，在途中他感到全身乏力。埃里克森为什么会感到身体虚弱呢？公司在网站上给出了答案，他只是"无法再忍受令人倒胃、黏糊糊、难以消化的巧克力棒"。这段经历激励他制造一种口感更佳且富含营养成分的巧克力能量棒。最终，他成功地制造出了这种巧克力。

许多企业会把创始人的故事作为为企业更高目标寻求内外部支持的突破口。扬罗必凯的品牌资产标量（Brand Asset Valuator）是庞大的品牌数据库，该模型曾就社会责任活动这方面对许多企业做了一项调查研究，研究表明，汤姆斯布鞋及户外服装和装备零售商巴塔哥尼亚是全球领先的品牌。这两家企业之所以能够取得如此成就，与它们拥有扣人心弦、引人注目的创始人故事有着密不可分的关系。事实上，许多在社会或环境方面排名靠前的品牌都是如此。[6]

2006年，汤姆斯布鞋的创始人兼首席布鞋捐赠官布莱克·麦考斯基（Blake Mycoskie）到阿根廷旅游。到达阿根廷后，他发现当地的小孩都光着脚走路，生活过得很艰难。于是，麦考斯基决定伸出援手。他的解决方案很简单：创立一家布鞋零售公司，并承诺每卖出一双汤姆斯布鞋，公司就向贫困地区捐赠一双布鞋，也就是一种特别的"买一赠一"活动。到了2017年，公司已经送出6000多万双布鞋。现在，项目已经扩展到了眼镜行业。

巴塔哥尼亚品牌创始人的故事可以追溯到20世纪70年代左右。那时，伊冯·乔伊纳德（Yvon Chouinard）还是一位狂热的攀岩爱好者，经营着一家攀岩设备公司。他从事攀岩运动有一个指导性理念：尽量保持岩壁清洁。这就意味着攀登者不能用锤子将岩钉打入岩壁，以免损伤岩石。经营期间，乔伊纳德的公司一直为新型和环境友好型产品提供必要的设计和生产创新。当乔伊纳德将巴塔哥尼亚品牌延伸到制衣行业时，他的指导性理念一直没有改变，而是反映在了公司的使命上，公司将"通过开展业务激活及实施可行的方案，从而解决环境危机"。乔伊纳德表示，他宁可人们修补旧衣服、穿旧衣服，也不愿通过提高销量来获得利润,因为这样有利于节约制造衣服的水和能源。由此可见,保持岩壁清洁的故事现在仍净化并激励着巴塔哥尼亚的品牌。

　　为了使创始人故事的价值最大化,我们必须将其与现有受众联系起来。豪华龙舌兰酒品牌唐胡里奥(Don Julio)的创始人唐·胡里奥·冈萨雷斯(Don Julio Gonzales)就采取了一系列大胆的举措,来体现其品类愿景和"最重要的是激情"的理念。他将愿景和理念反映在标签故事之中,这些故事呈现在公司投资的印刷品、电视和广告牌广告等媒介上。[7] 冈萨雷斯打破传统,将龙舌兰种得疏一些,以便能生产出更浓郁的龙舌兰酒。他还将酒瓶的瓶颈缩短,方便人们在餐桌上看到彼此。胡里奥种种另辟蹊径的做法为主要目标客户"千禧一代"创造了许多灵感,而唐胡里奥的品牌口号"行动起来"则进一步强化了受众对它的喜好。这些改变效果惊人,龙舌兰酒品类的销量增长了4%,高档龙舌兰酒的销量增长了7%,而唐胡里奥的销量增长了30%。

振兴战略

　　振兴战略是指为停滞不前或业绩下滑的企业指明新文化、新道路。但是,振兴战略需要具备可信度,并能够得到内外部受众的支持。可是,受众往往不会轻易给予支持,这该如何是好?

　　这时候,标签故事能提供帮助。标签故事注重解释新方案是如何产生的:有哪些新趋势、顾客新的必需品、竞争行为、机遇或危机能够催生标签故事？是否还有其他选择？一般来说，这类故事都具有可信度，能够引起人们的关注和参与；或者，故事也可以关注战略的影响，关注战略对产品、服务、客户、员工或其他能够将新的路径具体化并为其带来意义的人的影响；又或者，故事可以同时做这两件事情。

第 2 章铂慧的德国电信的故事表明，在市场疲软的情况下，德国电信还面对着三大竞争对手的竞争压力，这些竞争对手都推出了类似的营销项目。为了扭转形势，德国电信选择以"非运营商"的概念重塑电信行业，它用一种简单的替代方案来代替该行业标准的封闭、复杂的服务模式。结果，市场反应热烈。

1993 年，郭士纳（Lou Gerstner）成为 IBM 的首席执行官。自他上任以后，IBM 发生了翻天覆地的变化。当时，IBM 身陷困境，部门分割，内耗严重，不得不做好将母公司拆分成 7 家子公司的准备。[8]郭士纳应该继续拆分公司的想法吗？为了便于更好地决策，他请了 50 名高管及其下属，要求每个人分别拜访 5 名客户，并征求他们的意见。调查发现，客户对 IBM 很有好感，他们希望能从一家公司购买到集成解决方案。因此，郭士纳终止了拆分公司的提议，并力求让产品和区域性组织机构能够在全球 IBM 品牌的领导下协同完成系统解决方案。之后，郭士纳采取了一系列强有力但颇具难度的措施，帮助企业接受新的战略、文化、组织结构和成功的举措。这一系列措施催生了背景故事，该故事将为企业接下来几十年的发展带来深远的影响。

其实，企业振兴故事有两个生命阶段。第一个生命阶段作用于新的业务战略仍在实施但尚未达成目标的阶段。在此阶段，故事是为将来服务的，是指引方向的路线图。另外，在这一阶段，故事不仅能够阐明并激发新的战略,还能激励员工和客户。第二个生命阶段作用于准备实施新计划的阶段。在此阶段,故事会提醒受众振兴故事的重要性,使策略以清晰、生动的方式存在人们的脑海中。当一种策略变得耳熟能详时,它就很容易失去影响力和启发性,故事的作用就是帮助人们保持激情。

成长战略

成长对一个企业来说至关重要。对于员工来说,成长能够创造晋升的机会,带来胜利的喜悦,并指导和激发企业项目和方案。对于客户来说,成长不仅可以提供关键的品牌驱动因素,提高品牌的活力和可见性,还可以帮助客户有机会获取更好的产品。对于供应商和零售商来说,成长意味着增加需求和稳定价格。总之,成长意味着管理一个前途光明的企业。

一个引人注目和参与且真实可信的公司成长故事会让受众相信,成长是真实存在的,而且终会发生。成长故事能够帮助企业专注于长期战略,促使企业投资未来可能获得良好收益的资产,比如品牌等。如果没有成长故事,短期的财务规划便会主导公司的决策。在一些行业,即便是投资者,也会关注成长故事,而不只注重短期利益。特斯拉(第 1 章讲述了特斯拉的成长故事)、亚马逊等公司皆是如此。这些公司在成长的过程中牺牲了部分既得利益,却攫取了巨大的股市价值。

亚马逊的成长故事:

1996年，在离开纽约一家对冲基金两年后，杰夫·贝佐斯（Jeff Bezos）创办了一家在线书店亚马逊。[9]亚马逊的成长故事有一个根基：亚马逊将变成顾客的首选书店，未来将有100多万种图书以远低于线下零售商的实体图书的价格出售。亚马逊网站将为每位顾客提供个性化服务，并根据顾客之前的购买情况为他们推荐书籍。为了经营好书店，贝佐斯承诺他只雇用那些愿意加班并能够以聪明的方式做事的顶尖人才。

奠定基础之后，亚马逊又制定了一个目标：以疯狂的速度成长，以便获取市场力量和规模经济，然后将亚马逊扩展到图书销售以外的领域。值得注意的是，他没有将公司的名字命名为books.com，而是以世界上最长的河流亚马逊命名。因为，亚马逊的目标是成为世界上最大的零售商，成为一家万货商店。现在，贝佐斯甚至将亚马逊的业务扩展到了皮划艇销售，未来还有可能将业务延伸到预订皮划艇旅行。

虽然1996年亚马逊的年销售额只有1600万美元，不足巴诺书店（Barnes & Noble）的1%。但是，贝佐斯不只有一个目标，他还有一个成长故事——一个他将在未来20年甚至更长一段时间里紧紧追随的故事。事实也证明了，亚马逊比他想象的还要成功。

挑战：寻找可以拥有的标签故事

标签故事不会凭空出现，它们的诞生需要一个过程。那么，我们该如何找到合适的标签故事呢？不妨回顾一下本章开头的提议：首先，要明确你的战略信息；其次，罗列故事选项；最后，使用"尝试中学习"的方法找到最合适的故事。

一些额外的思考：

在创造标签故事的时候可能需要利用奖励的办法来创造动机。有时，动机可能是以竞赛的形式出现，比如普瑞纳（人和猫的亲密故事）和美孚石油（围绕伙伴关系、领导力和信任的故事）的例子。动机也可以融入文化期望中，包括认同项目和绩效评估等。

由于标签故事一般是由员工率先发现的，因此发展潜在的标签故事应该有一个"自下而上"的流程。企业要确保涉及战略信息的员工能够敏感地区分何为标签故事，并激励他们创建一个"故事团队"，以便故事优化升级。团队要评估这些故事，筛选出最好的。此外，团队还要在故事写作和视频创作方面给予支持。第1章赛富时1-1-1的故事和第6章巴克莱的故事就是典型的例子。

另外，也要有一个"自上而下"的流程，即由故事团队识别或刺激标签故事。团队的成员要学会像记者一样思考和行动，懂得如何寻找、编写或拍摄引人注目的故事，然后将它们投放到适合的媒体上。

开发、改进及呈现标签故事需要组织结构的支持。铂慧的数字研究小组 Altimeter 发现，那些成功制定了数字战略的企业会使用至少一个组织结构模型来管理数字内容[⊖]。由于数字内容可以采用故事或虚构故事的形式，上述发现就与创作和管理标签故事产生了联系。以下是部分组织结构模型：

- 卓越的内容中心：专家组，他们带领并提供寻找和创造标签故事及相关内容的最优方法。
- 编辑委员会或内容委员会：内容的创建者和/或营销主管，他们定期开会评估、优先排序和调整内容，包括标签故事。
- 内容领袖：在编辑或战略上可以主导内容新方案（如一个标签故事集）的人，但没有部门权威。
- 内容部门：机构内部或代理小组，他们能够利用广告、演讲、视频、文章和播客等形式将故事及其他内容转化为高质量的表现形式。
- 跨部门内容主管：跨部门的高级主管，他们有权分配内容（包括故事），并确保这些故事在整个企业得到充分利用。

企业还必须衡量战略信息及故事获取关注和兴趣的能力，并在两者之间保持恰当的平衡。战略信息至关重要，但不要让它干扰到你搜寻故事。切记，在讲故事时，那些引人注目和参与的真实故事才是王

[⊖] 数字内容，是以数字形式存在的文本、图像、声音等内容，它可以存储在如光盘、硬盘等载体上，并通过网络等渠道传播。——译者注

道。如果你发现故事有着精彩绝伦的内容，就要想办法让内容与所要传达的信息产生联系。如果你手头上已经有了以信息驱动的故事，你要寻找方法加以利用；要是没有，你就必须寻找其他更吸引人的故事代替它们。

需要注意的是，并非每个故事都能提升到标签故事的高度。因此，我们需要评估故事的力量和前景，在第8章，我们将应对这个挑战。

CREATING SIGNATURE STORIES

第8章
造就强势标签故事的原因

告诉我一个事实，我会去学习；
告诉我一个真相，我会去相信；
告诉我一个故事，我将永远铭记于心。

——美国谚语

创建通用电气的标签故事

通用电气（GE）是寻找标签故事的榜样，它的故事总能引起受众的共鸣。[1]通用电气是怎么做的呢？首先，它实验各种以故事为主导的想法；其次，挑选并实践其中最好的创意；最后，在实践中不断改进。虽然通用电气也会举办一些广告活动，但主要针对的是内容驱动型受众（通用电气在各大社交媒体平台上拥有400多万用户），而不是报刊读者或电视观众。简单来说，通用电气更愿意占有媒体，而不是租用媒体。

通用电气的战略信息是公司的基因（DNA）。公司创始人托马斯·爱迪生（Thomas Edison）及其对科学技术的热情、通用电气125年的发展历史，以及企业在运营过程中有口皆碑的想象力和创造力，都与战略信息有着密不可分的关系。通用电气还有一个更现代化、与"数字产业"相关的战略信息，就是关于通用电气如何将数字技术植入机车和喷气发动机等机器。数字技术的应用不仅帮助机器更好地彼此协作，还帮助机器更好地与目标受众和企业沟通。这里的目标受众指的是潜在客户和现有客户、客户组织中的买家及对这些群体产生影响的人。当然，目标受众还包括对科学和技术着迷的人。因此，战略信息也针对科技的狂热爱好者。

通过观察通用电气的经历，我们会发现以下获取强大标签故事的不同方法。

把技术突破带入生活

通用电气曾与《国家地理》以及罗恩·霍华德（Ron Howard）等好莱坞顶级故事叙述者合作，一起在实验室里制作了一部6集长的关于科学突破的故事的纪录片。故事主要讲述了公司如何克服巨大的未知，通过应对技术挑战，想出改变生活的创意。这一系列节目还探讨了流行疾病、老龄化、用水、能源、人类工程学和改善大脑等问题。节目在国家地理频道和通用电气的研讨报告上均有播出，吸引了170多个国家的人收看。

与个人产生联系

马克·弗朗特拉（Mark Frontera）是通用电气全球研究中心的实验室经理，他亲眼见识了自己的工作所带来的影响。那时，他的儿子亚当才4岁，却被确诊患有儿科癌症，必须接受手术治疗。恰巧，亚当在达纳-法伯癌症研究所接受治疗时就采用了通用电气全球研发中心高能物理实验室开发的先进成像技术。亚当手术成功后，弗朗特拉制作了一个视频，讲述亚当战胜病魔的故事，故事中成像技术发挥了巨大的作用。该视频在通用电气社交媒体和YouTube上均有播出。

与传统相联系

作为一家先进材料制造商,通用电气在1969年的登月活动中扮演了重要的角色。为了在纪念登月活动45周年之际重述自己的辉煌故事,通用电气在色拉布[1](Snapchat)上介绍了宇航员登月时所穿的靴子,这款靴子采用了通用电气用于制造喷气发动机和风力涡轮机的先进材料。纪念日当天,100双名为"使命"(the Missions)的月球靴运动鞋以196.90美元的售价公开发售。巴兹·奥尔德林[2](Buzz Aldrin)也在色拉布上传了一张自己穿月球靴运动鞋的照片。最终,这双运动鞋在eBay以数千美元的高价卖出。

展示给你的受众

出于本能,通用电气知道目标受众容易被大型机器及其工作原理所吸引,他们很乐意参观公司的工厂。于是,公司邀请了6个照片墙(Instagram)红人及6个通用电气的忠实"粉丝"到俄亥俄州的一个农村参观喷气发动机测试点,并按要求记录参观体验。通用电气还安排了十几次类似的参观活动,参观的地点各不相同,从得克萨斯一直到挪威。参观者的个人体验在通用电气及其他社交媒体上播放。第一个视频(名为GEInstWalk)上传未满48个小时,就获得了约20万的点击量。

---

[1] 色拉布是由斯坦福大学两位学生开发的一款"阅后即焚"照片分享应用。利用该应用程序,用户可以拍照、录制视频、添加文字和图画,并分享给自己在该应用上的好友。——译者注

[2] 第二位登上月球的人、第一位从外星球回到地球的人。——译者注

演示用户创造的东西

通用电气与《吉米肥伦今夜秀》(*The Tonight Show Starring Jimmy Fallon*)合作推出了一档8分钟的系列节目《肥伦发明秀》。受邀参加节目的年轻人可以演示他们精巧的小发明(有一个发明是这样的,往薯片包装罐里插入一扇"门",就能够到品客薯片罐子的底部)。通用电气还制作了一系列6秒钟的短视频,并鼓励用户分享他们的"6秒钟科学"视频。这些妙趣横生的发明视频帮助通用电气在戛纳国际电影节上斩获了一个奖项。

发挥异乎寻常的创造力

一个雪球能否在模拟地狱中保持原样?如果把它装在一个和通用电气喷气发动机相同的材料制成的容器里,结果又会怎样?为了寻找答案,通用电气将一个雪球装进了这种容器,并浇上2000℃的钢水。实验发现,雪球完好无损。其实,这个实验不是个例,通用电气还有其他关于创造力话题的实验,包括"在瓶子里捕捉闪电"和"对着墙说话"等。有一次,为了寻找可供实验的话题,公司还特地举办了一个比赛。

利用生动逼真的技术

通用电气善于利用虚拟现实的力量创造故事。第一个利用虚拟现实的故事与水下潜水器有关,该潜水器模仿了通用电气公司用来发现和探测海底石油和天然气储备的水下技术。受众可以戴上Oculus Rift⊖虚拟现实头盔,坐在振动的椅子上,体验模拟的水下探险。

借助幽默的力量

欧文(Owen)是极客世界的代名词,庆祝极客世界的成功也就是庆祝欧文的成功。在极客的一系列广告中,欧文向他的亲朋好友介绍了自己在通用电气公司的新工作——编写程序,帮助火车、飞机和医院更好地运作。但是,亲戚朋友并不理解他的工作,有一次一位亲戚甚至问他:"所以,你现在是火车司机,对吗?"还有一次,欧文的朋友为自己广受欢迎的游戏公司开发了一款新App,这款App其实就是一个小游戏,可以在猫的图片上画帽子。但是,游戏的风头甚至盖过了欧文的一次郑重声明,这件事把他的朋友都乐坏了。这些故事说明,通用电气在数字工业世界变得越来越重要。故事之所以能够起作用,是因为它们真实而有趣地刻画了极客世界并非冷漠的世界。这种自嘲似的幽默值得分享给受众,因为全世界的极客都明白,欧文代表的是新的通用电气,是他让通用电气的求职者的数量增长了8倍。

通用电气不懈的努力证明了,故事可以通过制定明确的沟通目标帮助战略信息适应社交媒体时代。但是,要想达成沟通目标,你必须

⊖ Oculus Rift 是一款为电子游戏设计的头戴式显示器。这是一款虚拟现实设备,很可能改变未来游戏的方式。——译者注

对听众有所了解，要有创造力，要能想出多种方案，并尝试最佳的方案。此外，你必须根据媒体的需要裁剪故事，而不要刻意为之，更不能在执行的过程中让步妥协。你要相信故事的力量，相信故事能够引发受众的兴趣和参与。但与故事相反，事实本身既无助于沟通，也不能说服受众。

创建有效的标签故事

有效的标签故事能够以特定的方式实现互联、传播信息和改变行为。那么，这些标签故事有何特征？我们可以先寻找一些典型的故事，观察它们的特征，然后检验故事的研究成果，最后再利用故事看待我们个人的经历。经过观察研究，我们将得到一连串的特征。我们还发现，一些特征出现的频率会比其他特征更高。

但是，不是特征越多故事就越强大，这是特征和故事的关系使然。事实上，如果特征元素太多，反而会影响受众的参与，因为受众参与的兴趣主要来自对故事缺失部分的想象。而且，故事的力量取决于故事背景、目标、受众和参与其中的媒体。另外，每则故事都会用到不同特征列表的子集。因此，与其想方设法网罗称心如意的故事特征，不如寻求一些能够帮助我们吸引受众并引发他们参与的"流行性"特征。

还有一点至关重要，就是故事的各种特征要相互作用并保持流动性。为了找出电视广告能够取得成功的原因，我曾经研究了100个故事的特征，这些特征包括是否加入音乐，是否具备幽默感，以及广告里有没有出现动物等。最终，我的研究失败了，因为我发现故事能否成功关键在于故事的整体效果如何，而不在于特征的简单叠加。后来，我们又对比研究了几组相似的广告，研究发现，广告的效果差别很大。[2]例如，有两则对抗头皮屑的广告大致相同（广告台词也一样），唯一的不同之处在于广告的代言人。其中一则广告效果更好，这则广告的内容大致是这样的，一位妻子面带微笑地提醒丈夫，"你有头皮屑"。另一则广告收效甚微，广告中妻子跟丈夫说了同样的话，但语气尖酸刻薄，与前者的态度完全不一样，这则广告令人恼火便不足为奇了。由此，我们可以得到一个启示：一则广告或故事的影响力并非取决于各个部分叠加的总和，而是取决于故事给人的整体印象，以及故事本身是否流畅。

标签故事要引人注目、真实可信、引人参与并涵盖战略信息

尽管总体印象很重要，但了解与成功的标签故事相关，并且已经在研究中得到验证的特征也很重要，因为很多特征可以帮助企业评估及完善标签故事。以下几个问题都是基于标签故事的定义，或许能够帮助企业评估。

是不是故事？ 讲述的内容必须满足以下特征才能称为故事：开头部分要能引发关注（例如，第2章柏兰德搅碎iPod的挑战）；中间部分要能引发兴趣（融合测试本身的吸引力）；结尾部分要能提供解决方案（"是的，它能搅碎！"就为融合测试提供了解决方案）。注意，讲

述故事也并不一定按照这个顺序。但是，如果讲述的内容是一系列独立的事实或特征，那就不能称作故事。

故事是否具有吸引力？ 故事内容能否引发你的关注？故事能否发人深省、新奇有趣、内容翔实并催人奋进？故事是否与战略信息高度相关，并且具有幽默感？故事能否让人产生敬畏之心？如果故事内容在一个或多个方面有所欠缺，它就无法获得关注，不能成为合格的标签故事。当然，第2章Skype的故事，讲述了两个女孩通过Skype互相认识，符合以上各方面的要求，称得上是合格的标签故事。

故事是否真实？ 故事背景、人物以及人物面临的挑战是真实存在的吗？又或者，人们有没有可能觉得这个故事虚假做作，明显是个噱头？故事和故事传达的信息是否包含实质性内容？在诺德斯特龙的故事中，员工有权回收两个破损轮胎，这就表明了公司给员工授权的制度。并且，该制度还得到了政策支持，这也是员工和购物者共同见证的。

如第1章所述，故事也可以是虚构的，而且一个明显是虚构的故事可以降低遭受反驳的可能性。[3]因此，真正的风险在于故事内容与推销相差无几。这里举一个反例，一个连锁酒店曾打造了一系列故事，内容主要围绕快速结账的价值，以及顾客如何利用节省下来的时间参观当地景点，从而获得刺激有趣的体验。但是，故事的效果并不理想，原因就在于故事给人一种精心策划、以营销为目的的感觉。

故事是否引人参与？ 故事能否吸引受众参与其中？能否激发受众的情感？第3章家乐"一尝倾心"的实验就能够立刻勾起受众的好奇心。受众难免会猜想，两位素未谋面的人互相喂饭，会发生什么？另外，故事能否让人产生认知上的反应，比如带来信仰的转变、情感的波动以及温暖或敬畏的感觉？故事能否鼓励受众采取行动，将故事分享给他人？如果标签故事软弱无力、浮于表面，那么受众的反应也会是消极、被动的。

慈善组织一般都有几十个与受助者相关的故事，这些故事一般都具有潜在的吸引力。如果讲故事只是浮于表面，便很难捕捉到故事人物的性格和情感。反之，如果借助图片和文字细致入微地讲故事，故事便能带来积极的深远影响。第1章"慈善之水"的故事让我们认识了娜塔莉亚，这位15岁就当选莫桑比克村庄水务委员会主席的小女孩。娜塔莉亚的故事生动地演示了"慈善之水"如何改善村民的生活，颇具吸引力。

故事是否涵盖战略信息？ 故事应该涵盖对企业、品牌、客户关系以及经营战略等有重要战略意义的信息。这就要求我们评估信息在特定时间内的潜在影响：信息的重要性如何？信息是处于主要地位还是次要地位？信息能否阐明或加强某一方面的优点，或者消除某一方面的弱点？信息能否经受住时间的考验，抑或会随着时间慢慢消逝？信息是否以诚信为根基？是否得到可见和可信的实质性内容的支持？最后，信息是否有助于推动销售、利润和市场份额等关键性成功指标的增长？

此外，我们该如何创造真实、有趣且吸引人的故事？通用电气的故事或许能给我们带来一些启发：单一的故事也能包含多个方面，比如技术突破、人际关系、品牌传承、受众的兴趣、用户自创的内容、新颖独到的方法以及幽默的技巧等。最后，我要再次强调，故事的有效性并非来自特征的叠加，而是来自故事的整体效果。尽管如此，考虑到幽默技巧的使用和故事展示的有效性，设置引人注目的情节还是很有用的。

引人注目的情节

情节是故事的核心，要能够抓住并持续吸引受众的注意力。如果故事具备以下特质，就不难引起受众的关注。

对故事角色具有同理心。人物是故事的中心，一个好的故事善于增加有趣的特质，补充额外的细节，赋予角色生命，同时也方便受众更好地了解及关心故事人物的发展。故事应该与故事人物、人物面临的挑战以及他们的情感产生切实的共鸣。大家应该还记得第5章卫宝的视频，视频中印度母亲尤塔里载歌载舞庆祝5岁儿子生日的场景令人动容。受众也能对她的喜悦感同身受。再如，第1章里昂·比恩的故事，我们不难想象里昂·比恩藏匿于野鸭的隐藏处或系上鱼饵的场景，受众同样能感受到他对户外运动的热情。

富有意义的困难或挑战。故事人物所面临的挑战必须具有真实性和价值，而且这种挑战最终能够被故事的主人公所克服。如果顾客面临的问题不过是衣服是否干净整洁，这个问题就显得过于平常、过于商业化、过于单调乏味了，很难引起受众的兴趣。谁会关心这种事？谁会去听这种故事？但是，如果故事发生在水源匮乏的墨西哥农村，那里的人生活难以维持，那么这个挑战就有了意义，因为它与人们的生活产生了联系。因此，当妮（Downy）品牌推出当妮一漂净的产品时，由于这款产品的用水量比普通产品少得多，故事很容易就引起了受众的注意。

矛盾与冲突。故事的矛盾与冲突能够创造情感参与、增强记忆以及让受众关心故事情节的发展。家乐"一尝倾心"的实验就是典型的例子，看到两个陌生人相约共进美食，并互喂对方食物时，我们能感觉得到双方尴尬和紧张的情绪。第7章IBM故事中的主角所面临的挑战则更为严峻，我们可以明显感受到郭士纳面临着两难的处境，是将IBM拆分成几家小公司，还是整合成统一的系统公司。如果紧张或冲突的时刻来临，并且受众有充足的理由关心问题该如何解决，标签故事一般都能从中受益。

惊喜。故事还能从超出预期的事物中受益。例如，第4章美国音乐学院的广告便充满惊喜。在节日聚会上，一个名不见经传的年轻人竟然坐在钢琴前弹奏出了美妙的音乐。他取得了艺术和交际上的成功，这令人始料未及！第7章万事达卡的"无价惊喜"活动也是如此。再如，第3章红牛的故事，当菲利克斯·鲍姆加特纳从24英里高空一跃而下时，观众对此惊叹不已。这种异乎寻常的时刻会给受众带来难以置信的感觉，并刺激他们谈论亲眼看见的事件，甚至将故事讲给他人听。

情感联系。建立情感上的联系大有裨益，因为情感联系有助于提高其他方面的影响，包括增强故事的能力，以便引发受众的兴趣及吸引受众参与。建立情感联系也能给予参与故事的人特殊的奖励。比如，第3章护舒宝"像个女孩一样"的视频之所以触动人心，是因为三位年轻女性给"像个女孩一样跑步"赋予了强大的意义。该视频风靡网络，是因为分享故事可以得到丰厚的回报。受众将故事讲给他人听，证明了自己具有同理心。另外，受众分享了如此新奇、有趣且感人的视频，其本人也会收获快乐。

为了找出"读者转寄推荐最多"（most e-mailed）名单上的故事，《纽约时报》做了一项研究，研究的内容是对7000篇文章进行编码，以区分它们的情感强度，然后比较哪些文章情感比较温和，哪些情感比较浓烈。[4]通过控制其他变量，比如作者的名气、文章在报纸上的版面以及文章的信息量等，研究最终发现，情感反应是否强烈是文章能否引发读者分享兴趣的重要因素。如果故事极有可能让人产生敬畏之心（比如一种可以治愈患者的罕见治疗方法）、愤怒的情绪（华尔街支付巨额奖金）或焦虑的情绪（房价远未触底），故事经由电子邮件的分享率就会提高约1/3。由此可见，情感强度比情感类型更为重要。

与受众发生联系。故事中添加情感色彩会产生不可思议的效果。但是，在B2B的环境中，如果要解决问题，品牌应用的相关性可能更为重要。我们不妨回想一下IBM沃森健康的故事，该故事展示了IBM沃森在帮助医院提供个性化医疗服务中的能力。这些故事既引人注目又引人参与（当然，故事也是真实可信的），因为故事的内容与受众息息相关，受众也面临着同样的挑战，他们也在寻找类似的解决方案。

另外，如果故事新奇有趣，足以产生相关性，我们也就不必制造太多的冲突或加入多余的情感。通用电气曾带着受众游览了北极附近的一个实验基地；航运公司马士基（Maersk）则展示了其在以色列海法港停靠的巨大集装箱船。马士基故事中的巨轮超乎寻常，因此能取得良好的效果。

易于理解的信息或主题。故事应该涵盖受众能够自行推断的信息。

但是，切记不要将信息处理得过于微妙，以致人们必须耗费心思才能理解其中的要义，因为大多数人不愿意费时费力去理解信息。换句话说，故事内容不应该让人产生"那又如何"的感觉，而应该帮助人们理解故事的内涵。在诺德斯特龙的故事中，受众立刻就会明白，该企业的员工有权自己做决定，并且他们是将客户放在第一位的。

与品牌产生联系。如果故事的情节和人物让品牌相形见绌，故事的战略价值就会降低。但是，如果将品牌融入故事之中，无论是将其作为故事的主角或其他角色，战略价值降低的问题都不会出现。柏兰德、诺德斯特龙和巴克莱就是典型的例子。但是，在某些情况下，一些极具影响力的故事与品牌并不兼容，那该怎么办？正如第 3 章所讨论的那样，这时我们就应该考虑其他可能有效的方法，比如使用创始人的故事，让故事与客户群共享激情时刻，利用带有品牌名称的支持项目，以及强调品牌是故事的赞助商等。

幽默的力量

如果幽默能够紧扣主题发挥作用，它便能成为故事强有力的一方面。我们不妨想想亚伯拉罕·林肯是如何高效地利用幽默的技巧的。

幽默通过愉悦身心回报受众。幽默能够吸引并保持受众注意力的秘诀就在于此。人们乐于分享幽默感十足的故事，甚至广泛传播这种故事。因为一个幽默的故事足以传达以下两种动机：人们可以将故事作为礼物馈赠给朋友，或者将其视为可以演示的资本，以此证明自己是个卓越的鉴赏家。

不妨回顾一下柏兰德的视频，视频中汤姆·迪克森做了一系列"科学实验"，目的在于演示公司的搅拌机在处理各种硬物时能够取得成效。每个视频中迪克森都会惊呼"这简直令人难以置信"。其实，视频的主要价值在于应用了幽默的技巧：迪克森的演示方式和夸张的表演形式令人捧腹。因此，即使"惊喜"已经融入了柏兰德的故事，受众依然会对它的下一个视频有所期待，他们也就一直处于玩笑的氛围之中。

在其他一些案例中，幽默则是通过减少争议或避免让受众产生愤怒情绪来加强沟通。我们可以回想一下之前讨论的问题，故事如何将人们的注意力从反驳的意图转移到关注故事内容本身，帮助战略信息不受干扰地传播？如果故事中加入幽默的元素，则可以进一步分散受众的注意力，受众反驳战略信息的可能性也会随之降低。

但是，幽默的使用也有一个风险，就是如果幽默主导了信息，信息就容易失去与品牌的联系。但是，如果将品牌融入故事之中，这种风险就会大大降低。例如，柏兰德和可口可乐"幸福贩卖机"的视频便是如此。以可口可乐为例，我们熟悉的红色可乐贩卖机是故事的主角，它将信息与品牌联系了起来。

故事演示

完美的故事演示难以挽救一个疲软的故事，但糟糕的演示可能会毁掉一个强大的故事。这里的关键在于，你要表达什么内容以及如何表达。

其实，故事演示的过程可以从专业的指导中获益。比如，如果没有卓越的创新工艺，卫宝就不可能风靡网络。因此，我们需要聘用顶尖的人才来最大化故事的悬念、惊喜和情感。

正如故事内容没有明确的衡量指标，演示质量也没有确切的衡量标准。但是，创造一个视觉形象无疑能够帮助我们提高演示质量。视觉形象通过增强记忆和影响力，帮助我们提高整体处理故事内容的能力，达到突出故事中积极元素的作用。[5] 视觉形象既可以来自图片和视频，也可以来自对故事背景和人物性格的详细描述，比如故事人物为什么要做现在正在做的事情等，所有这些因素都能吸引受众参与其中。但是，我们必须管理好细节的层次，如果细节层次太多，故事便会显得臃肿不堪。在这里，"越多越好"的原则并不适用。

现在，视频及其相关技术的普及不仅可以提高故事的关注度、参与度及可信度，还能让故事变得更加生动有趣、令人难忘。但是，视频的制作和技术的应用还需要一些技巧。下面，我将讨论一些实用的技巧。

直播

第3章红牛的例子，讲述了菲利克斯·鲍姆加特纳高空跳伞的故事，故事采用了现场直播的形式，激发了受众的兴趣并引发了他们的参与。相较而言，事实则很难做到这一点。不妨对比以下两种情况：

观看篮球比赛的现场直播与事先知道球赛的比分，再去看录像回放，你可以感受到两者的差别。雪佛兰也经常利用直播宣传其举办的活动：雪佛兰 Bolt 曾在国际消费类电子产品展览会（CES）上展出，当时通用汽车的首席执行官玛丽·博拉（Mary Barra）出席了展览会，历时 25 分钟，在 Facebook 上全程直播。大约 2.5 万人在网络上观看了此次展览会，线上观看的人数甚至比现场出席的人数多了好几倍。还有一次，雪佛兰为了宣传新推出的雪佛兰 Trax，特地前往印度尼西亚的雅加达，现场直播了一场以寻宝为主题的比赛。[6]

360 度视频

平等资源（Samasource）是一家非营利机构，主要业务是在发展中国家培训技术人员，帮助他们与高科技项目相匹配。平等资源利用 360 度全景视频技术，制作了一段 4 分钟的短视频。该视频介绍了机构里的一位培训师，他不仅在肯尼亚的内罗毕培训年轻的技工，还培养了两名平等资源的技术人员，为这些年轻人及他们的家庭创造了更加美好的生活。[7] 360 度视频能够创造与传统视频截然不同的视觉体验，帮助受众全面了解技术人员的生活和工作状况。

增强现实

增强现实（Augmented Reality，AR）技术是将人、动物、符号或建筑物的图像附加到你所看到的事物之中。该技术最惊人的一个项目是一款名为"精灵宝可梦 Go"（Pokémon Go）的手机游戏。玩家玩这款游戏时，需要在周围的建筑物搜寻精灵宝可梦。当小精灵出现时，玩家要尽力去捕捉它。这款游戏刚上架 15 天，下载量就达到了 5000 万次；上架未满一年，下载量甚至超过了 7.5 亿次，而且，每个月平均有 5000 万活跃玩家在玩这款游戏。[8] 另外，许多玩家还有个人专属的游戏故事，随时可以与他人分享。

在伦敦的一个公交车候车亭，百事可乐将普通的玻璃窗换成了特制的玻璃窗。这样，站在窗户里的人就可以看到各式各样栩栩如生的图案，比如迎面走来的狮子、在空中飘浮的人等。百事可乐录了一段视频，记录了人们置身于增强现实世界中的反应以及得知图案由来之后的反应。这个促销活动利用了 AR 技术，帮助百事可乐的销售额提高了 6000 多万美元。[9]

虚拟现实

处于虚拟现实（Virtual Reality，VR）的世界，体验者将脱离周围的环境，沉浸于完全不同的场景中。一项涵盖了 150 名调查对象的神经科学研究表明，受众在 VR 中所投入的情感会比在 2D 中投入的情感多 27%。而且，在体验期间，体验者投入情感的时长也会增加 34%。[10]

实际上，VR 最擅长的还是模拟旅游的体验。雪佛兰曾在泰国推广雪佛兰科罗拉多越野车，让体验者享受在新西兰乡村越野冒险的感觉。旅游品牌亿客行（Expedia）则打造了 VR "梦幻冒险"（Dream Adventures）的活动，帮助田纳西州孟菲斯市圣犹大儿童研究医院

（St. Jude Children's Research Hospital）的青少年患者认识外面的世界。"梦幻冒险"为这些患者提供了绝佳的治疗——虽然身在医院，他们却可以体验医院外面的世界，故事也就随之产生了。[11]

你甚至可以借助 VR 遨游火星。洛克希德·马丁公司（Lockheed Martin）曾推出火星体验公交车来支持公司的教育项目，这种特殊的公交车采用特制玻璃（借助 VR 演示火星景象）代替校车的普通玻璃。该体验活动带来了一系列故事，故事在社交媒体上发布不过一个月就有超过 300 万次的浏览量。[12]

麦当劳在瑞典推广的"开心眼镜"（Happy Goggles）就相对比较简单。"开心眼镜"是麦当劳专门为瑞典娱乐节目《运动周》(Sportlov)推出的 VR 穿戴设备。体验者戴上"开心眼镜"后，就可以沉浸于一个名为"斜坡之星"（Slope Stars）的滑雪主题 VR 游戏之中。

挑战：打造故事并不断完善

如果故事恰到好处，就能发挥作用。我们不能只满足于获得一个故事，还要让故事及其演示过程造成"全垒打"的效果。之后不断完善故事，使之趋于完美。我们可以从 4 个维度着手，应对这个挑战：

第一，故事内容。故事不但要具有激发兴趣、引发参与的潜力，还必须真实可信。这就要求我们找到符合上述条件的故事背景。正如第 5 章所述，由于指向更高目标的故事通常具有高尚的内容，企业也就很容易从更高目标中获益。卫宝"帮助孩子长到 5 岁"的洗手项目就是一个典型的与更高目标有关的故事。这则故事不但鼓舞人心，让人产生强烈的情感反应，还塑造了生动的人物形象，创作了发人深省、真实可信的故事内容。之后，再也没有任何一组关于肥皂产品的广告能像卫宝的3个视频那样风靡网络，它获得了高达4400万次的点击量。

第二，本章前半部分提到，故事不应依赖完整冗长的理想特征清单。因此，我们必须寻找可以脱颖而出的故事，而且这些故事中的某些特定元素必须足够突出。莫尔森山顶冰球场的故事具有"令人难以置信"的吸引力；柏兰德的视频既新奇又有趣，受众也就乐意分享。使用这些"异乎寻常"的方式，我们可以创造出既能娱乐大众、传递信息，又能带来情感体验的故事。

第三，故事应该普遍适用于多个层面。首先，故事的开头要能吸引眼球，结尾部分画龙点睛；其次，故事要有良好的时机、节奏、适应性和流畅性；再次，故事的篇幅、背景、情感、张力以及细节的详略都应该恰到好处；最后，每个故事都必须以独特的方式展示自己。但是，说起来容易做起来难，要想创造令人满意的故事，我们还要读一读那些会讲故事的人所写的作品，想一想他们的故事是如何让受众产生共鸣的。因为，优秀的故事讲述者明白，他们该如何根据故事类型和故事背景调整自己的风格。

第四，正如本章通用电气的案例所阐释的那样，由于没有确切的模式可以生成和评估标签故事，使用"尝试中学习"的方法便能取得一定的效果。这里，我要分享一个无法辩驳的观点，如果我们找到了一个合适的标签故事，就要重视、整合并利用好它，因为这个故事以后可能会成为一项重要的资产。

CREATING SIGNATURE STORIES

第 9 章
你的职业标签故事：认识你自己

认识自己是一切智慧的开端。
——亚里士多德

背景故事：我是如何走上品牌之路的

20世纪80年代中期，我曾从外部营销的视角教导从业人员企业的经营战略。在此过程中，我发现许多高管过度关注企业的短期财务状况。许多人关注于此，是因为他们觉得有必要提高销售和收入，以便达成业绩目标。我认为过度关注短期财务业绩不仅会伤害企业，甚至可能影响企业的整体经济状况。因此，企业必须构建能够支持未来可增长及盈利的资产，从而提升业务长期健康的发展。

但是，在帮助企业提供解决方案这一方面，我应该扮演什么样的角色？关注哪些资产？注重哪方面的内容？

解决问题的关键在于品牌建设。有三大因素指引我得出这个结论。第一大影响因素，我做了一项研究（研究结果发表于1989年），调查了约248名企业高管，询问他们哪些资产和技能帮助他们的企业保持长期的竞争优势。[1]研究表明，排名前10的资产中有3个与品牌特征有关，如质量声誉（排名第一）、知名度（排名第三）及客户群（排名第十）。还有一项至少与品牌挂钩，即客户服务（排名第二）。

第二大影响因素，之前我在广告、营销和战略营销管理方面做了一定的研究，完成了一些著作，它们为我的品牌研究提供了必要的背景，给我带来了很大的帮助。

第三大影响因素是一种新的概念，即品牌资产。随着企业将重心转向扩大客户群的规模和提高客户的忠诚度，摒弃使用削减成本和损害品牌的价格促销，品牌资产在企业经营中的地位越来越稳固。

以这些分析为依据，我做了一个大胆的决定：将自己未来的角色定位为帮助企业认识品牌资产的力量。我将帮助他们学会创造、创建、利用及管理好品牌资产。我希望尽自己的绵薄之力，帮助企业重新认识自己的品牌，同时改变它们的营销和经营战略。

最后，我确立了自己的方向，我的研究生涯便不再随波逐流。我与伯克利分校哈斯商学院的同事凯文·凯勒（Kevin Keller）开始研究品牌延伸。之后，我又与另一位同事鲍勃·雅各布森（Bob Jacobson）合作，利用计量经济学分析品牌资产和股票收益。以这些研究为依据，我开始着手写作我的第一本书《管理品牌资产》（*Managing Brand Equity*）。从那时起，我的研究和著述便顺理成章地进行了下去。

创建你的职业标签故事

我的个人故事也就是我的职业标签故事。这类标签故事除了必须具备其他类型标签故事的主要特征，具备引人注目、引人参与且真实可信的特点，还必须具备以下两大特征：

- 这些故事应该与你的过去、现在或未来的职业相关。
- 这些故事可以为你指明职业方向，为你提供激励原理，剖析你的专业优势或劣势。

有时，职业标签故事集可以帮助我们解决一时无法直接找到答案的职业问题。所有职业经理人、专业管理者或即将踏上这条道路的人，都将从阐明职业故事集，从定期回顾及扩展故事中发现价值。有了这些故事，他们就能找到恰当的方式来回味过去、努力当下并计划未来。

一些商业领袖已经将他们的个人标签故事汇集成书，用一种富有质感的方式记录生活。成功做到这一点的领袖包括马克·贝尼奥夫（赛富时）、安迪·格鲁夫（英特尔）、郭士纳（IBM）、雷富礼（宝洁）、理查德·布兰森（维珍）、谢家华（美捷步）、霍华德·舒尔茨（星巴克）、彼得·古贝尔（哥伦比亚电影娱乐公司），以及杰克·韦尔奇（通用电气）。[2]

事实上，一个职业标签故事可以有很多不同的来源。它可以来自你职业生涯的一次大事件，比如一次巨大的成功、一次重大的失败或一个改变人生方向的机遇；也可以来自公司的其他领导者，他们达成了一些杰出的成就或扭转了糟糕的局势；或者，企业外部的一个行业典范完成了你想要效仿的事；又或者，你个人生活的某个篇章影响了你的事业等。第5章列举的汤姆斯布鞋创始人布雷克·麦考斯基的故事就是典型的职业标签故事。故事讲述了麦考斯基在阿根廷旅行时，发现当地儿童需要鞋子。

与品牌或企业的标签故事一样，单一的故事或许能表明你的身份、指明你的方向及推广你的策略。但是，在大多数情况下，我们还是需要标签故事集来扮演更重要的角色。就我个人而言，我就利用许多支持性故事，协助我详细叙述鼓励我涉足品牌管理的伞状故事。我的每一个研究方向都有一个潜在的动机,都受到某个问题、某篇文章或某个人的激励。我的第二本与品牌管理相关的书是《创建强势品牌》(Building Strong Brands),另外,我还总结了"品牌识别模型"(brand identity model),这些都是为了满足企业管理者的需求,他们总是寻求建立和管理品牌的实用工具。以上所有故事都能在讲述我个人故事的书《从法戈到品牌世界》(第3版)(From Fargo to the World of Brands)中找到。[3]

职业标签故事可以扮演不同的角色,具有不同的目标。这些故事能够回答以下4个问题:

- 就职业而言,我是谁?
- 工作中,我的更高目标是什么?
- 我该去往何方,又该如何实现目标?
- 我该如何获得信任、信誉并与他人建立关系?

前三个问题与自省和认识自己有关,第四个问题是为了让你自己和你的故事看起来更具可信度。此外,最具相关性和影响力的职业标签故事一般不只扮演一种角色,而是同时扮演四种角色。

"我是谁"的故事

职业标签故事可以帮助你识别工作的基本维度。比如,你的工作职责是什么？你做了什么贡献？你为什么要从事目前的工作？你的优势是什么？你要如何利用自身的优势？

职业标签故事还可以帮助你明晰自己的价值观，方便你将它们记在一个相对简单的与自我相关的描述性列表中。或许，你的自我评价是：有道德、有创新精神、对企业忠诚和始终支持同事。这时候，故事的作用就是为这些价值观增加实质性内容、质感及清晰度，让它们看起来既生动有趣又令人难忘。有时故事由一个关键时刻决定，但是在大多数情况下，故事是一段旅程，在这段旅程中，你会经历职业的选择、导师的指导，从成功或失败中吸取经验和教训。

职业选择的故事

你为什么选择目前的工作或加入这家企业？是什么激励并鼓舞着你？是否有一个故事能够反映你的基本理念，能够解释你为什么甘心选择你的职业？

里奇·莱昂斯（Rich Lyons）是伯克利分校哈斯商学院的院长。莱昂斯极富个人魅力，他时不时会讲起自己的故事，讲述他跟商学院的不解之缘。起先，他还只是学院的一名本科生。在一次课上，一位公共政策学教授注意到了他在课堂上的良好表现，把他请到办公室，问他是否有意攻读博士学位，然后成为教授。事实上，莱昂斯从未有过这种想法，因为这个目标对他来说过于远大。但在这位教授的建议下，他还是求见了学院的一位经济学家。

从那以后，成为教授的想法便在他心里生根发芽。1982年，从哈斯商学院毕业5年后，他便到麻省理工学院攻读博士，并顺利获得了经济学博士学位。之后，他在哥伦比亚大学担任了6年的国际金融学教授。后来他又重返哈斯商学院，成了一名屡获殊荣的教师、一个富有影响力的研究员，最终成为一名杰出的院长。他经常讲起这个故事，以表达对母校的眷恋和赞美。他赞扬这个举世闻名的公立大学，能够鼓励那些负担不起私立学校教育的学生去获取了不起的成就。

导师的影响

我们回顾一下第2章嘉信理财与CNN合作共同打造的故事。这些故事情感浓烈，故事中12名CNN主播分享了"给我的人生带来改变的人"。[4] 迈克拉·佩雷拉的导师帮助她建立起了跻身电视行业的信心；阿什莉·班菲尔德的导师和榜样是她的母亲，这位伟大的女性经常教导班菲尔德要做个有韧性的人。

另一位主播艾琳·伯内特（Erin Burnett）也分享了她的故事。伯内特的故事同样与导师有关，她的导师为她创造了机遇。当然，故事也反映了她的方向和目标。伯内特在成为CNN主播之前曾是高盛集团（Goldman Sachs）的一位年轻分析员。一天，她给薇露·贝尔（Willow Bay）写了一封信。薇露·贝尔是谁？薇露·贝尔曾是雅诗兰黛（Estee Lauder）的模特，获得MBA学位后，她顺利成为CNN的主播。信中，伯内特谈起她是如何沿着薇露·贝尔的职业道路规划自己的职业生涯的，并表示自己非常希望能够加入薇露·贝尔的团队。伯内特在信中表现出来的积极性给薇露·贝尔留下了深刻的印象，于是薇露·贝尔面试了伯内特，并最终录用了她。在记录伯内特的故事时，薇露·贝尔和CNN节目的执行制作人也受邀参与了录制。他们对伯内特的才能、对她的第一印象以及她甘心情愿承担一切任务的态度给出了高度评价。现在，伯内特已经是CNN的明星主播。但是，如果没有那封信，这一切便不会发生。

成功或失败的故事

你要时常回顾自己的成功故事，或者职业生涯中其他快乐的时光。因为，很多时候这些幸福的时刻都丢失在了混乱的日常生活之中。然而，正是幸福的点点滴滴说明了你的优势和技能，帮助你抵抗负面情绪，不会让你觉得生活和工作无聊透顶、无关紧要。你为什么能取得成功？是什么推动着你的项目和计划向前发展？这些项目是如何发展和实施的？哪些项目行得通，哪些行不通？项目取得了哪些成果？

当比尔·乔治（Bill George）还是医疗设备公司美敦力（Medtronic）的首席执行官时，他曾旁观一台手术。不料，手术过程中美敦力生产的气球导管竟然坏掉了。[5] 后来他得知公司的一名销售代表曾发现几起类似的事故，并将问题报告给了公司总部。但是，报告必须经过7个管理部门的审核才能送到产品设计者那里，更糟糕的是，产品设计者与设备使用者之间缺乏沟通，导致问题迟迟得不到解决。于是，乔治承诺实施一个为期10年的项目。首先，他要将产品设计者与客户联系起来；然后，将医院、医生和患者置于公司运营的中心。这个故事不仅支持了以客户为中心的项目理念，也说明了乔治重视客户，重视与他们的直接接触，因为乔治用心处理了客户提出的问题。

成功的故事可以证明你的成就和涉猎的广度，或许还能让你认识到自己尚未发掘的才能。这些"我能做到"的时刻还表明，你的才能远不止目前工作所表现出来的那般狭隘，你有能力做得更好。

失败的故事可以让你获得真知灼见和学习的机会。你最大的失败是什么？你为什么失败了？你从中学到了什么？失败的经历如何让你更专业？失败的原因与你个人的缺点是否有关？如果是你的缺点导致失败，你该如何避免、消除或改掉这个缺点？故事会让我们更直观、更具体地看待学到的教训。

回顾"我是谁"的标签故事颇有益处，因为故事可以帮助你以现实的方式评估自己。故事让你明白，自己正处于职业生涯中的哪个阶段。故事让你不至于低估自己，帮助你重新认识自己在组织中的角色和所取得的成就。最后，故事还能在一定程度上帮助你重新体验过往的经历，你可以细细回味这些经历。如果没有这些故事，值得回味的经历就太少了。

具有更高目标的故事

如果所有在职人员在职业生涯中都至少有一个更高目标，那么他们不仅会有更好的工作表现，还会找到工作的意义和乐趣。你一定也需要工作的理由，让人觉得你是个积极向上的员工。你不妨回想一下第 5 章的章前故事，然后比较一下，将工作看作完成一项任务、挣一份工资或建造一座大教堂之间到底有何区别。你的更高目标是什么？哪些个人或组织的目标给你的职业生涯带来了价值？哪些故事又阐明了这些更高目标？

职业中具有更高目标的故事可以用来阐明你的工作动机和对工作的承诺。对我来说，更高的目标不是为了出版文章或书籍，而是为了鼓励企业摒弃短期思维，注重品牌资产建设。更确切地说，就是将建设和使用品牌资产当成市场营销和企业运营的一部分（但是，不一定是驱动因素）。本章开头的故事就支持了我的这一目标。

我们再回顾一下霍华德·舒尔茨更高目标的故事。1987 年，当舒尔茨接手星巴克时，星巴克还只有 6 家门店。从一开始，舒尔茨的核心价值观就包含了尊重所有员工以及打造高品质的工作场所。他希望员工能够找到工作的意义，不论他们是咖啡师还是为咖啡店运送新鲜咖啡豆的后勤团队的成员。[6] 星巴克第 1 版的使命宣言中包含了 6 条原则，第一条是"提供完善的工作环境，相互尊重，相互信任"。从那时起，宣言的措辞时有改动，但核心价值观从未改变。可能是为了落实舒尔茨的承诺，星巴克从一开始就决定为所有员工（包括兼职员工）提供医疗保险和股票期权。

为什么舒尔茨选择尊重员工、善待员工？我们可以从他的父亲老舒尔茨的故事找到缘由。在年少时，舒尔茨目睹尽管父亲努力工作，有时甚至身兼两职，但还是被体制打败。由于家庭贫困，他的父亲不得不辍学谋生。第二次世界大战期间，老舒尔茨应征入伍，却在军中不幸感染了疟疾。老舒尔茨从未找到一份前途光明的工作，甚至没有一份体面的工作，可以给他带来尊重和价值。1961 年，老舒尔茨的脚又受伤了，这无疑是雪上加霜。由于老舒尔茨无法享受医疗保险，也没有固定收入，家里还得支付额外的医疗费用。见到父亲坎坷的人生，霍华德立志，如果日后有所作为，一定要帮助别人改善生活，不放弃任何一个人。

还有一个具有更高目标的故事出现在第1章，即赛富时首席执行官马克·贝尼奥夫的职业故事。从印度回到美国后，贝尼奥夫突然明白，社会目标也可以融入企业之中。[7]这一顿悟催生了赛富时1-1-1项目，即把公司1%的产出、1%的股权和员工1%的工作时间投入到社会活动之中。这个故事为贝尼奥夫在公司和高科技领域的领导地位创造了灵感，提供了指导。

贝尼奥夫的故事还与员工的积极性和领导力密切相关。他的故事为员工铺就了一条清晰的道路，让他们可以创造属于自己的更高目标的故事。苏·阿玛尔的故事就是一个典型的例子。在赛富时成立之初，阿玛尔是公司的高级业务分析员。在一次年度开放论坛上，阿玛尔提出公司应该如何应对环境恶化的问题。为了找出问题的答案，贝尼奥夫安排她带薪休假6天。

这一挑战后来成了阿玛尔她事业的转折点。带薪休假期间，她拟订了减少碳足迹的计划，后来她又帮助公司成立并领导了"地球理事会"（Earth Council）。地球理事会是一个由员工自主管理的组织，负责调查公司内部基层的变化，以便应对气候危机。但是，故事不止于此，在故事的下一篇，阿玛尔被任命为赛富时第一任可持续发展项目的经理，负责帮助公司制定环境使命宣言，以及整合支持可持续经营实践的政策。阿玛尔为赛富时的其他员工打造了一个标签故事的典范。

"我该去往何方"的故事

通过设定一系列目标和战略优先事项，职业标签故事可以帮助你创建、完善及明确职业道路，并为你提供短期和长期的指导。在赛富时的例子中，阿玛尔不仅找到了更高的目标，还明确了新的职业方向，并制订了一个能够适时调整的计划。

我个人的一系列标签故事也指导了我的研究、教学和写作，最终帮助我下定决心加入一家品牌咨询公司。这一切都要归功于我当初选择帮助企业创建它们的品牌资产。在此过程中，我的个人专业资产得到了系统性提升，特别是出版了书籍和发表了论文，顺利向企业家传播了其中的概念和框架。过去，我在专项研究上所做的大部分工作，后来成为我的品牌工作的基础，也成为品牌力量和差异化协同的来源。但是，在从事专项研究的过程中，我渐渐意识到我的工作效率和幸福感都大不如前，调查项目失去了进展，而且难以产生持久的影响力。那么，接下来我该何去何从呢？

"我该去往何方"的故事与具体的计划无关，而是关于具有价值的一般性指导。2005年，史蒂夫·乔布斯在斯坦福大学的毕业典礼上发表了演讲，该演讲风靡网络。演讲中，他分享了几个有关职业规划的建议，[8] 也谈到了他大学辍学的决定。他辍学的原因是担心上大学可能会花光养父母的积蓄。但有趣的是，乔布斯的养父母是在向他的亲生母亲承诺，会将乔布斯送往大学接受高等教育后才收养了他。但是，乔布斯对大学必修课的学习毫无兴趣，却经常旁听一些有趣的选修课。他过着极其简朴的生活，曾经一度睡在朋友家的地板上。他还上过一门书法课，这门课看似乏味，后来却影响了 Mac 电脑的字体和视觉效果，并最终改变了我们现今所知的大部分计算机接口软件。这个故事的要点在于，你必须广泛涉猎，因为你不知道知识什么时候就能派上用场。但是，等到时机成熟，你自然能够将所学到的点点滴滴串联起来。

另一个故事也与乔布斯的职业生涯有关，是关于他离开于 1976 年与别人共同创立的苹果公司，后又恢复原职的故事。1985 年，乔布斯被迫辞职，并很快离开了公司。在绝望之际，他甚至打算离开硅谷，但是，对计算机行业创新的热爱和激情让他决定从头再来。之后，他又创立了电脑公司 NeXT，该公司拥有敏捷性操作系统，对软件开发人员十分友好。1996 年，苹果公司收购了 NeXT，部分原因是为了兼并 NeXT 的操作系统，另一部分原因是为了让乔布斯重返苹果。于是，在离开苹果公司大约 12 年后，他重返苹果，带领公司走上创新之路。这个故事有何意义？故事的意义在于，你要顺从自己的内心，做自己喜欢的事。如果一开始没有找到方向，不要气馁，要继续不断地寻找。

需要注意的是，虽然一般性建议可能有用，但是职业标签故事的关键仍在于详细的计划。你要去往何方？为什么你要去那里？谁愿意和你结伴而行？你的目的地在哪里？你要怎么走？沿途有没有路标？如果故事还包括你的转职经历，你就需要准备一份新的工作简历、一个 MBA 课程和一个临时目标，用来丰富故事的细节。所有可能提供细节和愿景的职业故事，都会随着新的机遇和挑战的出现而不断发展。如果没有这样的故事，你的职业生涯可能就会迷失方向，随波逐流，甚至可能停滞不前。

职业标签故事可以帮助你描绘职业愿景，让别人了解你的目标、实现目标的策略、成功的意愿以及你所创造的资产。通过了解你的故事，下属可能愿意决心更好地追随你，合作伙伴可能会决定加入你的队伍，而那些比你成功的人也会想办法帮助你实现梦想。张瑞敏就是一个典型的例子，他的标签故事为自己、为公司以及公司的许多同事提供了前进的方向，一些同事甚至将他的故事改编成自己的故事。

1984年，张瑞敏晋升为一家国产冰箱制造厂的主管，当时这家冰箱制造厂处境艰难，濒临倒闭，它就是后来的海尔集团。一次，一位顾客买了一台冰箱，不料却出了故障。为了寻找一台完好的冰箱换给顾客，张瑞敏和这位顾客找遍了公司库存的400台冰箱，结果发现近20%的冰箱存在缺陷。该如何处理这批冰箱呢？于是我们看到了罕见的一幕，张瑞敏将这76台不合格冰箱依次排列在工厂的空地上，吩咐员工用大锤将它们统统砸烂。这一大胆果断的决定着实令人钦佩。

张瑞敏的标签故事改变了企业的文化和战略，他对产品质量一贯的承诺支撑起了企业的产品开发、运营、制造以及员工对公司的评价，故事也改变了消费者和经销商对品牌的认知方式。由于企业的首席执行官充满个人魅力和创新精神，在他的领导下，海尔不断生产出世界一流的产品。海尔能够成为中国企业走向世界的成功典范便也不足为奇了，并且张瑞敏也成功地成为中外闻名的管理创新者。时至今日，张瑞敏的标签故事依然是他领导生涯的精神基石。

你个人生活的标签故事

即使你的标签故事与你在职业中所扮演的角色没有直

接的关系，它们还是会给你的职业道路带来影响。标签故事会在你的个人生活中起到重要的作用，因为故事定义了生活中哪些方面能够给你带来快乐和意义。大多数个人专属的标签故事都与家庭、朋友、传统和社交活动有关，可能也与健康及帮助他人的方式有关。另外，标签故事也可能与你的榜样和其他可能已经得到你尊重和钦佩的人产生联系。这些故事一般都令你难以忘怀。

个人标签故事可以带来许多好处：首先，故事能增强记忆，帮助你回味以前的特别经历；其次，故事可以通过实践，践行你的价值观；最后，故事不仅可以识别健康和富有成效的社会关系和社交活动，还能识别那些功能失调的社会关系和活动，帮助你优先分配时间和资源。

如果你想要打造个人标签故事，不妨尝试以下练习：回顾上个月或上一年的生活，哪些经历给你的生活带来了快乐和意义？哪些人给你留下了深刻的印象？你和他们之间存在什么样的交集？哪些行为体现了你的更高目标和最佳的天分？身处什么样的环境会让你产生快乐、慰藉、骄傲或钦佩的情绪？现在，你可以利用这些深刻的认识来打造一个真实、有趣且引人注目的故事。之后，你可以再加入激动人心的时刻和各种挑战（不论这些挑战是大是小）来丰富故事的细节。

这个练习一生受用。我曾写过一本自传，传记里收集了数百个与我个人有关的标签故事。收集故事的过程让我受益匪浅，因此我推荐每个人不妨都尝试一下。以我个人为例，故事带来了巨大的能量，帮助我的3个女儿实现了更好的成长。

我的3个女儿分别是詹妮弗、简和乔利。在她们小的时候，3个女孩儿之间的关系比我跟她们的关系要好得多，这就导致我很难与她们建立亲密的关系。该怎么解决这个问题呢？我想出了问题的答案：安排"特殊的日子"。简单来说，就是每次都单独带一个女儿去"探险"。我会提前通知她们属于自己的特殊日子，这样每个人都会对我为她们准备的惊喜活动倍感期待（有谁能抵挡得住惊喜的诱惑呢）。当然，我自己也很期待特殊日子的到来，因为这一天我可以和其中一个孩子共度美好时光。

我仍清楚地记得第一个"特殊的日子"。当时，我带着6岁的詹妮弗去伯克利山远足，我们一起聊了生活的点滴，还摘了罂粟花。尽管后来我们才知道摘罂粟是违法的，户外运动也不可能成为詹妮弗长期的爱好，但我们当时玩得不亦乐乎。我和詹妮弗的"特殊的日子"还包括逛书店、一起"探险"、挑选合适的书本以及我以温和的方式引导詹妮弗挑选"有教育意义的"书籍等。我从中学到的"教训"是，如果你买东西送给他人，她就会更喜欢你（至少詹妮弗是这样的），其实这也是一种经济学原理。

有时，一些"特殊的日子"的确有其独特之处。一次，我曾带简坐飞机去参加在明尼苏达州北部儿童湖举行的阿克家族聚会，这令她既惊喜又期待。我们聚会的地点是在我叔叔巴恩的小木屋，巴恩叔叔一直是我最喜欢的人，他总是能让一切看起来都充满希望。我有15个堂兄弟姐妹，聚会时，我们将独木舟划进潜水鸟群，在林间小径散步，围着壁炉闲聊。这趟旅程留下了许多美好的回忆，我仍记得当简得知自己要去旅行时，她在机场就已经高兴坏了。对乔利来说，有一个"特殊的日子"是乘坐直升机飞越旧金山湾，这个经历对她来说弥足珍贵。乔利还没登上直升机，就已经满怀期待，盼着飞机能够早点起飞。这样她就能在空中翱翔，并能抓住机会，在高空长时间俯瞰恶魔岛。

许多讲述"特殊的日子"的故事具有旺盛的生命力，这些故事不仅构成了一个完整的伞状故事，一个"元故事"，而且每个故事都能作为家庭历史的重要组成部分，为我的生活赋予意义。

除了那些"特殊的日子"之外，还有许多充满意义的瞬间拉近了我和3个女儿之间的亲密关系。当然，这些美妙的瞬间也创造了许多细节丰富的故事。我记得有一次詹妮弗在欧洲参加夏令营时情绪低落，我就打了通电话给她，安慰她几天之后我就会到伦敦去看她，她立刻转悲为喜。[见面后，我带她去商场逛了一圈，买了很多东西。我们俩第一次一起看了《悲惨世界》（Les Miserables），还踏上了难忘的巴斯之旅。]我记得，在简举行婚礼前，我静静地陪她待了会儿，我们一起回忆了过去美妙的时光，之后我便陪着她踏过木桥完成了婚礼。我还清楚地记得，我一路陪伴着乔利度过了大学的足球生涯（有人说我看得太紧了）。我还专门写了一个故事，总结了乔利的足球之旅，内容是关于她遇到的重重困难及收获的各种荣誉、她在高水平赛事中拼搏的历程、与队友和教练的交流、对胜利的喜悦及对失败的不甘等。其实，陪伴她走过大学的足球生涯对我来说同样意义重大。

刚为人父母的时候，我们都会面临着一大挑战，就是要想办法让孩子接触伟大的古典音乐。其中一种方法是带她们观看芭蕾舞剧《胡桃夹子》㊀。等到我的两个大女儿分别到了5岁和3岁，我就带着她们去旧金山看芭蕾剧。不过，在看剧之前，我事先和她们做了约定，约定之一就是要她们穿上芭蕾舞服装。到了剧院，我要求她们观察别人的穿衣打扮，然后从人群中挑出她们认为最好看的两三套配搭。从那以后的40多年间，我们每年都会一起去看芭蕾舞剧。现在，我还会带着我的孙子和孙女们一起去看。

㊀ 《胡桃夹子》是柴可夫斯基编写的一个芭蕾舞剧。根据霍夫曼的一部叫作《胡桃夹子与老鼠王》的故事改编。舞剧的音乐充满了单纯而神秘的神话色彩，具有强烈的儿童音乐特色。——译者注

> 这个"胡桃夹子的元故事"贯穿了我们老少三辈,将我们的生活紧紧地联系在了一起。
>
> 这些故事以及其他故事的产生通常都伴随着令人难忘的时刻,故事为孩子们的个性、价值观以及人际关系注入了新的能量。另外,故事也影响了我们选择优先思考的事项、一贯的传统和未来的活动,因为这些因素能够帮助我们发现生命中最重要的事情。

能够获取信任、可信度并与他人建立联系的标签故事

每个企业的领导者都承担着一项极其重要的沟通任务——激励他人,包括激励客户、投资者、供应商及公众,最重要的是,激励员工。要完成这项任务,领导者必须赢得信任、建立信誉,并与受众建立联系。如果目标受众是员工,就更应该如此。反之,如果领导者没有与受众建立联系,他们就无法成功销售产品。当企业加入新成员或由于某种原因失去信誉时,领导者面临的挑战便会更大。

为了建立信任、信誉及联系,领导者要先做个自我介绍。但是,不能一味地讲事实,比如你不能反复强调:

- 我是个好人,我为人诚实、富有道德、善解人意、关心他人,并且勇于承认自己的错误。
- 我是个值得信任的人,你要相信我说的话。

- 我是个有才华的人,我聪明、见多识广、富有创造力,并且善于和人打交道。

上述断言难以令人信服,甚至可能招致嘲笑。但是,如果你讲的是故事,即使故事内容与以上事实无异,受众接受的程度也会更高。因为,虽然你讲的只是故事,但却可以建立信任和信誉,并让受众对其产生好感。

标签故事有助于定义并支持真正的领导力。[9]有两位学者曾详尽地回顾了与领导力相关的文献,并从中得出结论,领导力具有两大特点:一是有清醒的自我认知(认识真实的自己);二是有清晰的自我概念(如何向他人描述自己)。领导者必须同时具备这两大特点,因为这些特点表明,以一种内省的态度创造及阐明生活中的故事,讲述那些跨越时间及与个人相关的故事,并厘清故事之间的相互关系,是提高你的能力,帮助你成为真正领导者的一种有效方法。简言之,你要懂得如何识别及阐述自己的标签故事。此外,研究还表明,下属的看法和行为一般是基于他们对真实性的判断,而他们的判断又取决于领导者个人标签故事的可信度,即故事是否符合领导者的实际行为。[10]

例如,如果一个故事是关于纠正过去的错误,它就能够说明你的管理风格或凸显对你来说特别重要的企业文化。故事还能创造条件,让你展现出幽默和敢于自嘲的一面。你可以借助故事的形式向受众证明,你不仅认识到了自己的错误,还从中吸取了教训,更不会去钻牛角尖。人们乐意倾听这样的故事。但是,如果领导者只是利用高效的幻灯片罗列有关企业文化和企业战略的概念和事实,却只字不提任何与个人有关的内容,人们很可能会心生厌倦,甚至对此表示怀疑(他们会感觉这种说法似曾相识)。更糟糕的一种情况是,如果受众无法对事实表示认可,他们可能就不会尊重领导者。

再如,当某个事件激发了一个人的职业目标,故事可能就与理想抱负有关。你一定还记得张瑞敏当机立断砸毁不合格冰箱的故事,这个故事反映了张瑞敏对质量的追求,以及他要将企业打造成中国家电行业领导者的决心。如果只是简要地声明自己的目标,他就无法与员工建立联系。但是,张瑞敏借助了故事的力量,为自己说过的话增加了分量,加上了个人的激情和承诺。

正如前一章所提到的那样,幽默感十足的故事具有强大的力量。原因可能是这类故事可以愉悦身心,也可能是它们能避免遭受反驳。幽默对个人的作用尤其明显,因为幽默能够帮助人们建立人际关系,从而创造更愉快、更有趣的工作体验,毕竟大家都愿意与具有幽默感的人一起工作,特别是与懂得自嘲的人一起共事,因为跟他们在一起我们感到身心放松。在商务场合,幽默可以缓解紧张气氛,提高工作效率。开重要的会议时,人们容易变得紧张和激动,幽默的故事可以消除会议室里紧张的氛围,让与会者放松下来,不至于一直处于紧绷的状态。幽默还能帮助说话者在表达想法时更具创造力和冒险精神。

当你需要指出一个决定、一项程序或一个人的错误时,幽默还能带来额外的好处。如果幽默使用得当,那么欢笑就可以代替争吵和愤怒,让人反省并接纳对方。不妨回顾一下第6章中曾两度担任伯克利分校哈斯商学院院长的巴德·凯特所讲的幽默故事,故事是关于经济学教授对薪资的看法,他说道,学院的经济学教授明白为什么他们的工资比英语教授的高,却不明白为什么金融学教授的工资比他们的高。他的观点很微妙，如果没有加入幽默的元素，很可能会惹人恼怒。因此，幽默还会让受众卸下防备，帮助你展现出谦和友好、讨人喜欢的一面。

挑战：放手去做

故事不会凭空出现，我们需要努力发掘故事。首先，你需要回顾你的职业生涯，细数你所取得的成就，并重新体验那些让你信心倍增、无比自豪、身心愉悦或让你决定改变职业方向的时刻；其次，你要创建一个故事库，将这些故事有序地汇编成集；最后，将它们统一放在一个简便的文件夹里。

但是要注意，创建故事库的工作并非一劳永逸，你还要定期回顾、修改并重新整理这些故事。如果有新的故事出现，你要将它们添加到故事库中。

你需要通过这些故事了解你自己（我是谁）、你的职业生涯有何意义（我的更高目标是什么）、你的职业走向（我该去往何方）以及你的信誉（如何提高信誉）。之后，再利用这些故事来解决影响了你工作表现和职业生涯的基本的专业性问题。总之，故事理应成为帮助你思考职业方向的跳板。

此外，你也要懂得如何利用故事来建立人际关系并与人交流。但是要注意，既不要冒犯别人，也不必过于拘谨。要相信故事的力量，因为这些故事已经经过悉心加工和耐心处理，它们比陈述的事实更能令人铭刻于心，也更能表明你是一个什么样的人。

CREATING SIGNATURE STORIES

后记
12大要点

事情在真正结束以前,都不算结束。

——约吉·贝拉,棒球传奇人物

你认为本书的要点是什么？就我而言，本书的要点包括：

故事有强大的力量。故事的影响力要远远大于事实。在吸引注意力、处理细节、铭刻于心以及说服、激励和刺激受众采取行动等方面，故事的作用要比事实大得多。

标签故事将故事提升到更高层次。标签故事具有生动有趣、真实可信和引人参与的特点，还涵盖战略信息。标签故事不同于事实组合，它可以通过激发事实来支持战略信息。

标签故事集可以显著提高故事的效果。来自不同层面的多个故事可以增加战略信息的深度和广度，并赋予战略信息新鲜感和活力。

标签故事可以提升品牌的价值。标签故事可以创造两个关键的品牌特征：可见性和活力。可见性来自故事所获得的关注，以及在混乱的媒体环境中脱颖而出的能力；活力则来自故事的可见性及故事吸引受众的方式。

标签故事不是通过说教来说服人。恰恰相反，标签故事让受众自行推断故事中蕴含的信息，并将信息记在脑海中。故事通过吸引受众的注意力，降低了遭受反驳的风险。

具有更高目标的标签故事可以激励员工和客户。更高目标可以激发员工对工作的自豪感，并激励客户支持你的品牌。因为更高目标能够促使客户与品牌的价值观达成一致。例如，卫宝"帮助孩子长到5岁"的项目不仅创造了品牌与受众的情感联系，还拯救了很多儿童的生命。

当品牌陷入危机时，标签故事可以改变与品牌有关的话题。当产品出现故障、服务不到位或新闻事件爆发导致品牌陷入信任危机时，我们要围绕借助故事传播的品牌项目开启新的话题，这是有效的应对策略之一。巴克莱的标签故事与员工的培训项目息息相关，这一项目教导人们如何适应数字世界。同时，巴克莱的标签故事还改变了人们对陷入困境的品牌的看法。

标签故事是传播战略信息的媒介。我们在寻找新奇有趣、引人注目的故事时，绝对不能忽视了战略信息。我们的目标不仅是要发现或创造经典的故事，并且随着时间的推移和故事的发展，我们还要将战略信息融入故事的开头或高潮部分。

标签故事可以有各种各样的主角。标签故事的主角一般是员工或客户。此外，故事的主角也可能是企业内部的产品、服务、组织项目、创始人、振兴战略、成长战略、品牌、品牌代言人或供应商等。

标签故事能够在特定方面"脱颖而出"。除了生动有趣、真实可信及引人参与以外，标签故事不必遵循冗长或精确的特征清单，便能发挥作用。此外，标签故事还受益于我们感同身受的角色、富有意义的挑战、情感的联系、高度的相关性（尤其是在B2B的环境中）和专业的展示等。另外，幽默还能吸引受众的注意力，避免他们产生想要反驳的想法。

标签故事可以与个人有关。个人标签故事可以帮助你了解自己、确定更高目标、规划未来，并赢得信誉。

营造一个故事友好型企业至关重要。首先，你的企业要有专门的人员、结构、流程及文化，以便识别和评估备选故事；其次，选出最佳故事，并以专业的方式展示；最后，将展示过程呈现给目标受众。

注　　释

第 1 章

1　Phytel Helps Orlando Health Build a Clinically Integrated Network for a Healthier Community," IBM.com, 2016.

2　Peter Guber, "Tell to Win," New York: Crown Publishing, 2011, pp. 10-13.

3　Sellers-Easton Media, for example, was founded by top Fortune writers.

4　See Essential.com for a more detailed version of the story and the firm. A full-page ad in The Wall Street Journal presents the story and the principles, May 30, 2017, p. A5.

5　Marc Benioff and Carly Adler, "Behind the Cloud," San Francisco: Jossey-Bass, 2009.

6　Guber, op. cit., pp. 120-121.

第 2 章

1　The campaign was at 135 million views when an analysis named it the top viral campaign in 2010. Now at 300 million views, it is very likely more solidly in the No. 1 position. Michael Learmonth, "The Top 10 Viral Ads of All Time," Advertising Age, September 2, 2010.

2　Alan Siegel, "Ad Meter 50 for 50th: Ranking the 50 Best Super Bowl Commercials Ever," USA Today, January 21, 2016.

3   Max Slonim, Charles Schwab Financial Services, "The Person Who Changed My Life," WARC, 2017.

4   charitywater.org/about/Scott-Harrison-story, 2017.

5   Prophet.com, Our Work, Case Studies, 2017.

6   Megan Willett, "Chinese Tourists Are Flooding Into the U.S. Thanks to a New Visa Rule," businessinsider.com, January 21, 2015.

第 3 章

1   Matt Prentis, "Knorr: #LoveAtFirstTaste," WARC, 2016.

2   John Gerzema and Ed Lebar, "The Brand Bubble," San Francisco: Jossey-Bass, 2008, Chapter 2.

3   John Gerzema, personal conversation, July 2016.

4   Natalie Mizik and Robert Jacobson, "The Financial Value Impact of Perceptual Brand Attributes," Journal of Marketing Research, February 2008.

5   An excellent book that analyzes how to gain both short-term and extended attention is "Captivology: The Science of Capturing People's Attention," by Ben Parr. New York: HarperCollins Publishing, 2015.

6   Robert East, Jenni Romaniuk, Rahul Chawdhary and Mark Uncles, "The Impact of Word of Mouth on Intention to Purchase Currently Used and Other Brands," International Journal of Market Research, 59 (3),2017.

7   Elihu Katz and Paul F. Lazarsfeld, "Personal Influence," Glencoe, Illinois: The Free Press, 1955.

8   Ernest Dichter, "How Word-of-Mouth Advertising Works," Harvard Business Review, November-December 1966, pp. 147-166.

9   For a good overview of word-of-mouth research, see "Contagious: Why Things Catch On," by Jonah Berger. New York: Simon & Schuster, 2013.

第 4 章

1   Paul Johnson, "A History of the American People," New York: Harper Collins, 1997.

2   Herb Simon's concept of bounded rationality can be applied.

3   Russell Haley and Allan Baldinger, The ARF Copy Research Validity Project, Journal of Advertising Research, April/May 1991, pp. 11-32; Andrew Mitchell and Jerry Olson, "Are Product Attribute Beliefs the Only Mediator of Advertising Effects on Brand Attitude?" Journal of Marketing Research, 18 (3), August 1981, pp. 318-332.

4   John P. Murry, John L. Lastovicka, Surendra Singh, "Feeling and Liking Responses to Television Programs," Journal of Consumer Research, March 1992, pp. 441-451.

5   Ton Van Laer, Ko de Ruyter, Luca M. Visconti and Martin Wetzels, "The Extended Transportation-Imagery Model: A Meta-Analysis of the Antecedents and Consequences of Consumers' Narrative Transportation," Journal of Consumer Research, February 2014, p. 2.

6   Deborah Small, George Loewenstein and Paul Slovic (2007), "Sympathy and Callousness: The Impact of Deliberative Thought on Donations to Identifiable and Statistical Victims," Organizational Behavior and Human Decision Processes, 102 (2), pp. 143-153.

7   Penelope Green, "He Takes Stuff Seriously: At Home With Joshua Glenn," nytimes.com, July 11, 2012.

8   Ton Van Laer et. al. op. cit. pp. 797-817.

9   Melanie C. Green and Timothy C. Brock, "The Role of Transportation in the Persuasiveness of Public Narratives," Journal of Personality and Social Psychology, 79 (5), 2000, pp. 701-721.

10   In a review of 225 studies, active learning was shown to be significantly more effective than passive learning in school settings. S. Freeman, S.L. Eddy, M. McDonough, M.K. Smith, N. Okoroafor, H. Jordt and M.P. Wenderoth, "Active Learning Increases Student Performance in Science, Engineering and Mathematics," Proceedings of the National Academy of Sciences, June 2014, pp. 8410-8415.

11   Melanie C. Green, "Narratives and Cancer Communication," Journal of Communication, August 2006, pp. S163-S183.

12 See Robert A. Burton, "On Being Certain," New York: St. Martin's Griffin, 2008.

13 Leon Festinger, Henry W. Riecken and Stanley Schachter, "When Prophecy Fails: A Social and Psychological Study of a Modern Group That Predicted the Destruction of the World," New York: Harper-Torchbooks, 1956.

14 Chip Heath and Dan Heath, "Made to Stick: Why Some Ideas Survive and Others Die," New York: Random House, 2007, pp. 42-244.

15 A.C. Graesser, N.L. Hoffman and L.F. Clark, "Structural Components of Reading Time," Journal of Verbal Learning and Verbal Behavior, 19 (2), April 1980, pp. 135-151.

16 Larry Cahill and James L. McGaugh, "A Novel Demonstration of Enhanced Memory Associated with Emotional Arousal," Consciousness and Cognition, 4 (4), December 1994, pp. 410-421.

17 Denise Davidson and Sandra B. Vanegas, "The Role of Emotion on the Recall of Central and Peripheral Information From Script-Based Text," Cognition and Emotion, 29 (1), 2015, pp. 76-94; Cara Laney, Hannah V. Campbell, Friderike Heuer, Daniel Reisberg, "Memory for Thematically Arousing Events," Memory & Cognition, 32 (7), 2004, pp. 1149-1159.

18 For a discussion of the power of triggers in promoting word-of-mouth communication, see Jonah Berger, "Contagious: Why Things Catch On," New York: Simon & Schuster, 2016.

第5章

1 Leon Kaye, "Unilever Handwashing Campaign Goes Beyond CSR and Saves Lives," triplepundit.com, April 22, 2015.

2 Marc Benioff, "Behind the Cloud," San Francisco: Jossey-Bass, 2009, p. 147.

第6章

1 Tom Roach, "Barclays: Purpose Pays," WARC, 2016.

2　Millward Brown Tracking, Roach op. cit., Figure 3.

3　Edelman Financial Trust Barometer 2014 had banks and the financial sector as the least-trusted industry in both 2013 and 2014, Roach op. cit., Figure 2.

4　"Banking on Change: Breaking the Barriers to Financial Inclusion," Barclays.com, 2017

5　Roach, op. cit.

6　Howard Schultz, "Pour Your Heart Into It," New York: Hyperion, 1997, Chapter 3.

7　Starbucks.com, 2017

第 7 章

1　"Dispensing Happiness: How Coke Harnesses Videos to Spread Happiness," Stanford Graduate School of Business, Case M-335, June 9, 2010.

2　"Priceless Surprises," Reggie Awards, ANA.net, April 20, 2016.

3　According to BrandJapan-2017, an annual survey by Nikkei BP Consulting Inc. of 1,000 brands in the Japanese market.

4　Ariel Conant, "The Incredible Story of Marin Minamiya," YouthPost, yp.scmp.com, May 1, 2016.

5　Conant, op. cit.

6　Personal communication with John Gerzema, November 2016.

7　"Tequila Don Julio—Make Your Move," Reggie Awards, ANA.net, April 15, 2015.

8　Louis V. Gerstner Jr., "Who Says Elephants Can't Dance?" New York: Harper Business, 2002.

9　Brad Stone, "The Everything Store: Jeff Bezos and the Age of Amazon," New York: Back Bay Books, 2013.

第 8 章

1　For more, see "GE: Reinventing Storytelling for Business-to-Business," ANA.net, Marketing Knowledge Center, 2016; Linda Boff, "Marketing

Transformation at GE: Storytelling and Business Results," YouTube, Columbia Business School, 2016.

2   "Causes of Irritation in Advertising?" (with Donald B. Bruzzone), Journal of Marketing, Spring 1985, pp. 47-57.

3   M C. Green, J. Garst and T.C. Brock, "The Power of Fiction: Determinants and Boundaries," in L.J. Shrum (ed.) "The Psychology of Entertainment Media: Blurring the Lines Between Entertainment and Persuasion," Mahwah, N.J.: Lawrence Erlbaum, pp. 161-176.

4   Jonah Berger and Katherine Milkman, "What Makes Online Content Viral?," Journal of Marketing Research, April 2012, 49 (2), pp. 192-205.

5   Rashmi Adaval and Robert S. Wyer Jr., "The Role of Narratives in Consumer Information Processing," Journal of Consumer Psychology, 1998, 7 (3), pp. 207-245.

6   Low Lai Chow, "General Motors Taps Augmented Reality, Live Streaming for Better Customer experience," WARC, September 2016.

7   "Why Work Matters," Nairobi 360 Degrees, Samasource.org/impact, April 2017.

8   Craig Smith, "80+ Incredible Pokémon Go Statistics and Facts," expandedramblings.com, DMR Statistics, June 2017.

9   WARC Trends, Toolkit 2017, "How Brands Can Use Virtual and Augmented Reality," WARC, 2017.

10   Jeff Berman, "YuMe, Nielsen: VR Has Potential for Marketers, but Also Presents New Challenges," MESA M&E Connections, November 10, 2016.

11   WARC Trends, op. cit.

12   WARC Trends, op. cit.

第 9 章

1   David Aaker, "Managing Assets and Skills: The Key to a Sustainable Competitive Advantage," California Management Review, 31 (2), January 1, 1989, pp. 91-106.

2　Marc Benioff, "Beyond the Cloud," San Francisco: Jossey-Bass, 2009; Andrew S. Grove, "Only the Paranoid Survive," New York: Crown Business, 1999; Louis V. Gerstner Jr., "Who Says Elephants Can't Dance?," New York: HarperBusiness, 2003; A.G. Lafley & Ram Charan, "The Game-Changer," New York: Crown Business, 2008; Richard Branson, "Losing My Virginity," London: Virgin Books, 2007; Tony Hsieh, "Delivering Happiness," New York: Grand Central Publishing, 2013; Howard Schultz, "Pour Your Heart Into It," New York: Hyperion, 1997; Peter Guber, "Tell to Win," New York: Crown Business, 2011; Jack Welch and John Byrne, "Jack: Straight From the Gut," New York: Warner Business Books, 2001.

3　David Aaker, "From Fargo to the World of Brands," Tucson, Ariz.: Wheatmark Books, 2016.

4　Max Slonim, Charles Schwab Financial Services "The Person Who Changed My Life," WARC, 2017.

5　Rick Levine, Christopher Locke, Doc Searls, David Weinberger, "The Clue Train Manifesto," Cambridge, Mass.: Perseus Books, 2000, p.100.

6　Schultz, op. cit.

7　Benioff, op. cit.

8　Steve Jobs, 2005 Stanford commencement address, YouTube, 2017.

9　Boas Shamir and Galit Eilam, "What's Your Story? A Life-Stories Approach to Authentic Leadership Development," The Leadership Quarterly, 16 (3), June 2005, pp. 395-417.

10　Shamir and Eilam, op. cit.

营销指南

ISBN	书名	定价	作者
978-7-111-57797-3	定位：争夺用户心智的战争（经典重译版）	59.00	（美）艾·里斯 杰克·特劳特
978-7-111-56673-1	感官营销：引爆品牌无限增长的8个关键点	50.00	（美）迈克尔 J. 西尔弗斯坦
978-7-111-55901-0	深度营销：解决方案式销售行动指南	49.00	王鉴
978-7-111-59455-0	营销天才	59.00	（英）彼得·菲斯克
978-7-111-27178-9	细节营销	36.00	（荷兰）柏唯良